U0888235

主题情境探究教学例论

严卫林　沈青青◎著

ZHUTI QINGJING TANJIU JIAOXUE LILUN

陕西新华出版传媒集团
陕西人民教育出版社
·西安·

图书在版编目(CIP)数据

主题情境探究教学例论 / 严卫林,沈青青著. ——西安:陕西人民教育出版社,2021.6

ISBN 978－7－5450－8146－6

Ⅰ.①主… Ⅱ.①严…②沈… Ⅲ.①政治课－教案(教育)－初中 Ⅳ.①G633.202

中国版本图书馆 CIP 数据核字(2021)第 109083 号

主题情境探究教学例论

严卫林　沈青青 著

出版发行:陕西新华出版传媒集团　陕西人民教育出版社
（西安市丈八五路 58 号）

经　　销：全国新华书店

印　　刷：定州启航印刷有限公司

开　　本：880mm × 1230mm　1/32

印　　张：8

字　　数：300 千字

版　　次：2021 年 6 月第 1 版

印　　次：2021 年 6 月第 1 次印刷

书　　号：ISBN 978－7－5450－8146－6

定　　价：38.00 元

版权所有　盗版必究

目　录

九年级上册

九年级下册

九年级上册

第一单元　富强与创新

第一课　踏上强国之路

课题一　坚持改革开放

【课标要求】

本课所依据的课程标准相应部分是“我与国家和社会”中的“认识国情，爱我中华”。对应的具体内容：“了解全面建设小康社会的奋斗目标。知道促进城乡、区域协调发展是实现全面建设小康社会奋斗目标的一项重要要求。”

【教材分析】

本课是九年级的起始课，将“富强”这一社会主义核心价值观作为教育主题。第一框“坚持改革开放”，下设两目，分别为“改革开放促发展”和“中国腾飞谱新篇”。本框按照“改革开放→中国腾飞”的逻辑展开。帮助学生感受改革开放是强国之路、富民之路，认同改革开放是决定当代中国命运的关键，也是决定实现“两个一百年”奋斗目标、实现中华民族伟大复兴的关键抉择。本框主要从“我国改革开放取得的辉煌成就”方面谈坚持改革开放的必要性和正确性，为学习第二框打下基础。

【学情分析】

学生已经在八年级从《中华人民共和国宪法》的角度学习了我国的相关制度，这是本课学习的知识起点。本课全景式地展现了中国腾飞的历史进程,展现了中国取得的巨大成就,旨在引导学生心怀祖国,倾听与思考中国故事。九年级学生已经具有一定的抽象思维与辩证思维能力,但是看问题容易片面化、表面化,还需要进一步引导。

【教学目标】

1.通过兴趣小组合作探究,培养学生运用所学知识对经济现象做出正确分析,提高其搜集资料、解读资料和解决现实问题的能力,弘扬和践行社会主义核心价值观。

2.通过对搜集资料的整理和归纳,领悟改革开放对中国及世界发展的重要意义,明白改革开放是决定当代中国命运的关键抉择。

3.通过对改革开放相关资料的搜集,探究改革开放的历史背景、伟大历程和成就。

【重点难点】

教学重点:改革开放促发展的表现,中国腾飞的表现。

教学难点:理解改革开放是决定当代中国命运的关键抉择。

【知识体系】

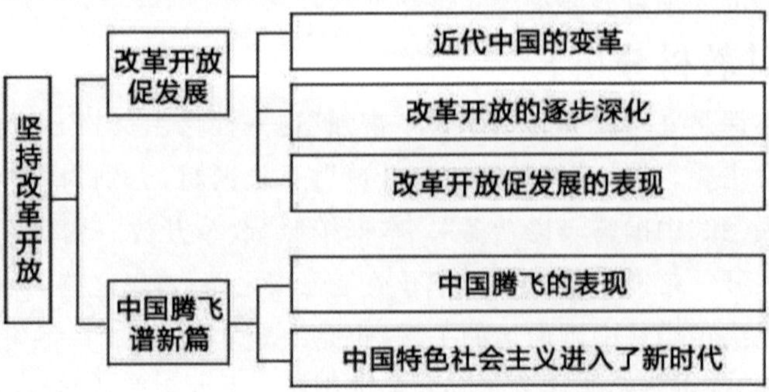

【探究过程】

一、新课导入

(一)播放视频

改革开放以来我国成就掠影。

（二）互动探究

1. 从视频中你感受到了哪些方面的变化？

2. 你认为产生这些变化最主要的原因是什么？

（三）归纳点拨（注："归纳点拨"的内容为针对"互动探究"中的问题给出的提示）

1. 1978 年中国共产党第十一届中央委员会第三次全体会议以后人们生活方式和生活条件的改善，国家科技实力的强大，国家地位的提高等。

2. 最主要的原因是国家实施了改革开放政策。

（四）设计意图

通过简短的视频向学生展现改革开放以来各个方面的变化，让学生了解改革开放所取得的成就，为新课的学习做好铺垫。

（五）教师过渡

以上视频让我们感受到改革开放给我国带来的一系列变化。那么，改革开放是在怎样的背景下发生的？具体是怎样进行的？有哪些具体表现？一群与我们有同样疑惑的同学们对此进行了探究，让我们一起走进他们的探究活动吧！

二、新课教学

某校九年级(2)班道德与法治课兴趣小组围绕"改革开放"这一主题，就改革开放的背景、过程、成就等搜集了一些资料，请你参与其中，和他们一起整理探究。

◆ 主题情境：改革开放 40 多年

＊ ＊ ＊ 情境一　翻开改革新篇章 ＊ ＊ ＊

（一）互动探究

1. 忆一忆：近代中国变革图强的历史。

2. 说一说：以上三幅图片反映了近代以来中华民族的哪些变化？这些变化是在哪个组织领导下实现的？

（二）归纳点拨

1. 近代以来，由于西方列强的入侵、封建统治的腐败等原因，中华民族遭受了前所未有的苦难。中国人民进行了不屈不挠的斗争，中国人民变革图强，探索救国救民的真理。

2. 中国共产党团结带领中国人民经过艰苦斗争，于 1949 年成立中华人民共和国。中华民族终于站起来了。（站起来）

3. 中国共产党第十一届中央委员会第三次全体会议后进入改革开放时期。中华民族和中国人民开始走上富裕道路。（富起来）

4. 中国共产党领导中国人民继续深化改革扩大开放，中华民族逐渐强起来了。（强起来）

（三）设计意图

使学生对近代以来中华民族的三次飞跃有了更直观的认识与体会。

（四）教师过渡

以上主题探究使我们深刻地感受到近代以来中华民族从站起来、富起来到强起来的伟大飞跃。我们有理由相信，改革开放是有必要的，而且有必要进一步深化。兴趣小组的同学围绕改革开放的重大事项进行了下一个主题探究。

＊ ＊ ＊ 情境二 改革开放大事记 ＊ ＊ ＊

图一

图二

图三

图一显示了中国共产党第十五次全国代表大会明确我国社会主义初级阶段的基本经济制度。

图二显示了中国共产党第十四次全国代表大会明确我国经济体制改革的目标是建立社会主义市场经济体制。2013 年 11 月 12 日，中国共产党第十八届中央委员会第三次全体会议通过了《中共中央关于全面深化改革若干重大问题的决定》(以下简称《决定》)。《决定》明确指出:经济体制改革是全面深化改革的重点,其核心问题是如何处理好政府和市场的关系,使市场在资源配置中起决定性作用、更好地发挥政府作用。

图三为“大国工匠 2018 年度人物”颁奖典礼。

(一)互动探究

查一查:表明我国改革开放逐步深化的重要事件和会议。

(二)归纳点拨

1. 1978 年,中国共产党第十一届中央委员会第三次全体会议开启了改革开放的历史征程。从农村到城市,从试点到推广,从经济体制改革到全面深化改革，中国人民坚持聚精会神搞建设，坚持改革开放不动摇，推动中国发生了翻天覆地的变化。

想一想：观察图一、图二，说明我国逐步确立了什么经济制度？

2.我国逐步确立了公有制为主体、多种所有制经济共同发展，按劳分配为主体、多种分配方式并存，社会主义市场经济体制等社会主义基本经济制度。

议一议：观察图二，说说如何正确理解我国的社会主义基本经济制度？

3.社会主义基本经济制度既体现了社会主义制度的优越性，又同我国社会主义初级阶段社会生产力水平相适应，是党和人民的伟大创造。

说一说：图三举办“大国工匠”颁奖典礼说明了什么？

4.改革开放使广大人民群众参与社会劳动，创造社会财富的积极性和主动性空前高涨。尊重劳动，尊重知识，尊重人才，尊重创造已成为社会共识。

（三）设计意图

八年级法律部分虽然对我国的社会主义基本经济制度内容有所涉及，但学生对此部分的记忆还是零散的，要重新唤起学生的注意还是有必要交代其确立的历史背景，以上的图文资料在很大程度上能够引导学生进行探究。“四个尊重”社会共识的形成不是一蹴而就的，肯定伴随着国家重大改革决策，国家最高科学技术奖的设置就是对这些社会共识的政策引导，学生对此也会有较深刻的感悟。

（四）教师过渡

从改革开放的这些重大事件中，我们能深切感受到改革开放促进了经济社会的发展，但改革开放的潜力远不止这些。让我们来看看同学们搜集的其他资料，更深刻地感受改革开放带来的变化。

* * * 情境三　改革开放成就展 * * *

兴趣小组的同学们在中国政府网站上找到一些图文数据，整理归纳成以下三组。

第一组:强国

材料一:改革开放以来,我国制造业连续多年稳居世界第一,其中,我国制造业占全球的比重由1990年的2.7%上升为2010年的19.8%;我国经济总量由1978年的世界第十一位跃居2010年的世界第二位;2017年我国国内生产总值占世界比重的15%。

材料二:据国家统计局报告显示,中华人民共和国成立70多年以来,我国在科学、教育、社会事业方面取得了巨大成就。2018年我国科技实力显著增强,全社会研究与试验发展经费支出19657亿元,比1995年增长55.4倍,发明专利申请量连续8年居世界首位;教育普及程度大幅度提高,2018年普通本、专科在校生2831万人,比1978年增长32倍;报告还显示,我国医疗卫生事业取得长足进步,居民预期寿命由中华人民共和国成立初期的35岁提高到2018年的77岁,居民健康水平总体上优于中高收入国家水平。

(一)互动探究

1.这一组材料反映出我国怎样的发展状况?除此以外你还知道有哪些表现?

2.请你在此基础上简要概括结论并说说取得这些成绩的原因有哪些?

(二)归纳点拨

1.中国已经成为世界第二大经济体、制造业第一大国、货物贸易第一大国、商品消费第二大国、外资流入第二大国、外汇储备连续多年位居世界第一,科技、教育、文化等各项事业蓬勃发展。

2.结论:40多年来,中国人民坚持改革开放,极大地解放和发展了生产力,充分显示了中国力量。

3.原因:中国共产党领导中国人民坚持改革开放等。

第二组:富民

材料一:据国家统计局报告显示,中华人民共和国成立70多年以来,我国经济、社会发展取得伟大飞跃,人民生活发生了翻天覆地的变化。2019年7月1日,国家统计局发布中华人民共和国成立70周年经济社会发展成就系列报告之一，就业规模不断扩大，就业结构逐步改善。2018 年末，我国就业人员增加到 7730 万人，其中，第二产业就业人员占比 27.6%，第三产业就业人员占比 46.3%；居民收入持续增加，消费水平不断提高，2018 年全国居民人均可支配收入 28228 元，比 1978 年实际增长 24.3 倍，全国居民人均消费支出 19853 元，比 1978 年实际增长 19.2 倍。

材料二：2018 年 2 月 15 日，国家统计局发布的《全国农村贫困监测调查》显示，2018 年全国农村贫困人口减少 1386 万人，按现行国家农村贫困标准测算，2018 年末全国农村贫困人口 1660 万人，比 2017 年末减少 18 万人，贫困发生率为 1.7%，比 2017 年下降 1.4 个百分点；2012 年末至 2018 年末全国农村贫困人口累计减少 8239 万人，贫困发生率累计下降 8.5 个百分点。

（一）互动探究

这一组材料反映出哪方面的信息？具体来说有哪些表现？可以得出什么结论？

（二）归纳点拨

反映的信息：人民生活水平的提高。

具体表现：改革开放以来，我国城乡就业规模持续扩大，人民收入较快增长，家庭财产稳步增加，城乡社会保障制度逐步建立和完善，扶贫工作取得举世瞩目的成就。

结论：中国人民通过改革开放过上了幸福生活。

第三组：国际影响

材料一：改革开放以来，我国货物贸易占世界比重大幅提升。改革开放初期，我国货物进出口占国际市场份额仅为 0.8%，在全球货物贸易中列第 29 位；2013 年，我国超越美国成为全球货物贸易第一大国，并连续三年保持这一地位；至 2017 年我国进出口占全球份额为 11.5%，货物贸易重回全球第一，同时我国是增长最快的全球主要进口市场，比美国高 8.9 个百分点。

材料二：改革开放 40 多年，我国经济持续较快增长，是世界经济增长的主要动力。自2006年以来,中国对世界经济增长的贡献率稳居世界第一位,至2017年,中国对世界经济增长的贡献率达到27.8%。

经济增长率	1978年	2017年	1979—2017年平均增速
世界	4.0%	3.0%	2.9%
中国	11.7%	6.9%	9.5%

(一)互动探究

从这一组材料中你可以得出什么结论?使我们感受到什么?明白了什么道理?

(二)归纳点拨

结论:改革开放是中国和世界共同发展进步的伟大历程,不仅深刻改变了中国,也深刻影响着世界。中国已成为影响世界的重要力量。

改革开放促使中国腾飞谱新篇:改革开放极大地解放和发展了生产力,充分显示了中国力量;中国人民通过改革开放过上了幸福生活;中国已经成为影响世界的重要力量。

明白的道理:改革开放是决定当代中国命运的关键抉择;改革开放是决定实现中华民族伟大复兴的关键一招;改革开放是强国之路、富民之路;等等。

(三)设计意图

要让学生感悟改革开放对中国面貌发生变化的影响必须用数据说话,将图表数据直观地展现在学生面前,学生才会有深切的体会,才会对改革开放所带来的生产力的发展、人民过上幸福生活和中国成为影响世界的重要力量真正信服,也才会深深领悟改革开放是决定当代中国命运的关键抉择等道理。

(四)教师过渡

确实,改革开放使中国面貌发生了令世界瞩目的变化,显示出中国特色社会主义的强大生命力。2017年10月召开的中国共产党第十九次全国代表大会更为我们展望未来明确了方向。党的十九大指出,经过长期努力,中国特色社会主义进入了新时代,为中国人民谋幸福、为中华民族谋复兴，中国共产党不忘初心，牢记使命，带领中国人民走上了建设富强民主文明和谐美丽的社会主义现代化强国之路。

三、课堂小结

通过兴趣小组同学们所提供的资料，我们对改革开放前的历史背景和进入改革开放后逐步确立和完善的公有制为主体、多种所有制经济共同发展，按劳分配为主体、多种分配方式并存，社会主义市场经济体制等社会主义经济制度有了更清晰的认识。同时，通过对资料的探究，我们对改革开放促进生产力发展、人民过上幸福生活和中国成为影响世界的重要力量有了深刻体会，也才能深深感受到改革开放是决定当代中国命运的关键抉择，也更能明白进入中国特色社会主义新时代的我们要不忘初心、牢记使命，在党的领导下，高举改革开放的大旗，为实现中华民族的伟大复兴而奋斗！

四、教学拓展

兴趣小组给组员们布置了一项任务：请大家回家对自己的爷爷奶奶、爸爸妈妈进行访谈，问问他们结婚时要筹备的“四大件”分别有哪些；调查现代年轻人结婚时要筹备的“四大件”又是哪些。然后，结合改革开放，写一段200字左右的感想。

本课内容以改革开放的伟大进程为主干，建构了改革开放促发展和中国腾飞谱新篇两大板块，涉及的知识点较多，如何把这些知识点有效串联整合从而使学生感受知识、感悟价值、提升能力，本课的教学设计能给大家一点启发。本课的设计独辟蹊径，让学生搜集资料一起参与到改革开放主题情境的探究中来，教师加以科学整合、巧妙设计、逐步推进，收到了预期的效果。本课具有以下三个特点：

1. 抓好主要问题线。问题设计上环环相扣、水到渠成，通过抓住几个主要问题不断把教学引向纵深，在“拳头”问题的引领下很好地突出和串联教学的主要内容，使之成为师生合作探究的纽带。

2. 抓好主干知识线。沿着主题情境线和主要问题线，帮助学生在学、思、究、悟中形成清晰的知识脉络，构建明确的框架结构，把看似零散的知识进行科学的整合，使得本课内容既有改革开放促发展的背景、进展、成就等骨架，又有“改革开放是决定当代中国命运的关键抉择”等核心内容。学生沿着主干知识线对教材知识做到了如指掌，一览无余，成为师生合作探究的关键。

3.抓好主体互动线。由于搜集的资料与探究的主题、与教材知识体系、与学生已有经验和认知水平都有较高的契合度，因此师生之间、生生之间开展活动和对话较为顺畅，使课堂探究成为学生获取知识，培养核心素养的主要手段，搭建了师生合作探究的舞台。

课时二　走向共同富裕

【课标要求】

本课所依据的课程标准相应部分是“我与国家和社会”中的“认识国情，爱我中华”。对应的具体内容：“了解全面建设小康社会的奋斗目标。知道促进城乡、区域协调发展是实现全面建设小康社会奋斗目标的一项重要要求。”

【教材分析】

第二框“走向共同富裕”，下设两目，分别是“改革进行时”和“共享发展成果”。本框从“改革只有进行时，没有完成时”出发，生动描绘了中国在全面深化改革过程中的万千气象，呈现了中国特色社会主义新时代是一个不断创造美好生活、逐步实现全体人民共同富裕的时代。本框按照“全面深化改革开放→逐步走向共同富裕”的逻辑展开。

【学情分析】

学生能体会到人们的生活水平在不断提高，也知道中国进入了新时代以及当前我国社会的主要矛盾，但对我国改革开放的发展历程和我国基本国情的了解还不够全面，需要进一步引导。学生虽然关心民生问题，但在改革开放和共同富裕之间还不能清晰地建立联系，还不能用辩证唯物主义的思想方法思考我国经济发展过程中遇到的问题。

【教学目标】

1. 通过对安吉余村发展的情境探究，以点带面，深刻感受国家的发展变化，增强对党和国家的热爱之情，关心改革、树立改革精神，追求共同发展，自觉为实现共同富裕添砖加瓦。

2. 通过对安吉余村发展的情境探究，以小见大，理解深化改革的相关政策，利用所学知识辩证地分析社会现象。

3. 通过对安吉余村发展的情境探究，由浅入深，进一步了解改革开放是当代中国最鲜明的特色，理解全面深化改革的原因、面临的问题和应对措施，了解共享发展成果的原因和措施。

【重点难点】

教学重点：全面深化改革的原因、坚持共享发展理念的原因。

教学难点：理解我国坚持共享发展的理念，坚持走共同富裕道路。

【知识体系】

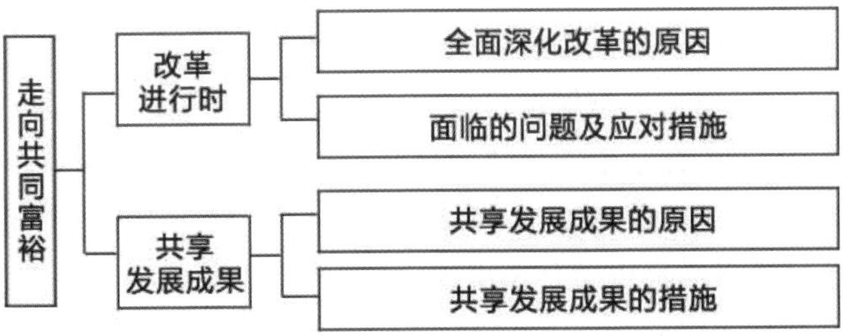

【探究过程】

一、新课导入

◇ 主题情境：安吉余村的别样色彩

* * 情境一 安吉余村的灰色记忆 * *

曾经的安吉余村，矿山、水泥厂遍布，虽然靠“卖石头”致了富，却破坏了山体、污染了环境，甚至还会发生矿山事故。余村人也想走生态之路，关停污染企业，可是直线下降的收入使他们陷入犹豫和彷徨。正如中国千千万万个山村一样，这里的人们渴望着富裕，却徘徊在发展与生态不可兼得的困境里。

（一）议一议

发展与生态真的不可兼得吗？请大家说说我们应该如何正确处

理发展与生态的关系?

(二)设计意图

通过安吉余村在改革开放发展过程中遇到的困惑,在争议中引起学生对发展与生态的讨论。

二、新课教学

* * 情境二　安吉余村的绿色情意 * *

2005 年 8 月,时任浙江省委书记的习近平同志在余村考察时,首次提出“绿水青山就是金山银山”的科学论断。

2006 年 3 月,习近平同志在《之江新语》专栏撰文指出,“人们对于绿水青山与金山银山之间关系的认识,经过了三个阶段:第一个阶段是用绿水青山去换金山银山;第二个阶段是既要金山银山,但是也要保住绿水青山;第三个阶段是绿水青山本身就是金山银山。”这一精辟论述,强调了生态保护建设的优先论,体现了经济发展与环境保护的统一论,蕴含了生态优势向经济优势的转化论。

15 年来,余村的蜕变是“百姓富和生态美统一”的美丽乡村建设的缩影,是“绿水青山就是金山银山”经历时代检验的实践样本。

(一)互动探究

1. 找一找:请大家从对绿水青山和金山银山之间关系的认识中,找出我国全面深化改革的原因。

2. 想一想:小组合作讨论,余村的成功经验对我国经济发展有何启示?

(二)归纳点拨

1. 我国全面深化改革的原因。

(1)我国过去 40 多年的快速发展靠的是改革开放,未来发展也必须坚定不移地依靠改革开放。

(2)中华民族伟大复兴,绝不是轻轻松松、敲锣打鼓就能实现的(曲折漫长)。(改革精神的重要性:只有全社会不断弘扬与时俱进、锐意进取、勤于探索、勇于实践的改革创新精神,继续自强不息、自我改革,推动全面深化改革的历史进程,才能奏响中国走向繁荣富强的

最强音，实现中华民族的伟大复兴）

（3）进入新时代，我国社会的主要矛盾已经转化为人民日益增长的美好生活需要和不平衡不充分的发展之间的矛盾。

（4）全面深化改革，才能把新时代改革开放继续推向前进。

2.我国全面深化改革中经济发展面临的问题和应对措施。

（1）我国经济发展进入新常态，已由高速增长阶段转向高质量发展阶段。

措施：转变发展方式，优化经济结构，转换增长动力，建设现代化经济体系。

（2）我国经济发展面临区域发展不平衡、城镇化水平不高、城乡发展不平衡等现实挑战。

措施：促进区域协调发展，坚持中国特色新型城镇化道路，推动城乡发展一体化，实施乡村振兴战略等。

（三）设计意图

通过对绿水青山与金山银山之间关系的三层认识中，使学生意识到改革的必然性、现实性与曲折性；再通过对习近平总书记考察安吉余村时提出的“绿水青山就是金山银山”理念进行讨论分析，使学生明确深化改革的具体方向。

（四）教师过渡

时隔15年，安吉余村的父老乡亲再次迎来了这位特殊的老朋友。2020年3月30日下午4时许，习近平总书记再次来到安吉余村。春天的余村，远山青翠，流水潺潺，宛若画境，村口矗立的石碑上“绿水青山就是金山银山”的字样依然醒目。

＊　＊　情境三　安吉余村的白色暖意　＊　＊

习近平总书记对安吉白茶有着不一样的牵挂。2018年4月，安吉20名农民党员向习近平总书记写信汇报种植白茶致富的情况，并表达了捐赠1500万株茶苗帮助贫困地区群众脱贫的心愿。习近平总书记对此做出重要指示。他强调，“吃水不忘挖井人，致富不忘党的恩。”两年后，落户湖南省古丈县、四川省青川县和贵州省普安县、沿河土家族自治县的1500万株茶苗，经过安吉白茶专家、茶农和受捐地干部群众的精心培育，长势喜人。浙江人民和中西部地区人民，携手实现全面小康的愿景越来越近、越来越真切。

（一）互动探究

1. 品一品：“习近平总书记对安吉白茶有着不一样的牵挂”，体现了党和政府怎样的发展思想和发展目的？

2. 说一说：安吉人是如何践行“共享发展”的？

3. 想一想：“吃水不忘挖井人，致富不忘党的恩。”谈谈大家在自己的生活中所感受到的党的“恩”。

（二）归纳点拨

1. 党和政府坚持以人民为中心的发展思想。发展的根本目的就是增进民生福祉。

2. 共享发展理念阐释：全民共享、全面共享、渐进共享、共建共享。

3. 共享发展的具体民生措施：党和政府抓住人民最关心最直接最现实的利益问题，提高就业质量和人民收入水平，加强社会保障体系建设，坚决打赢脱贫攻坚战，实施健康中国战略，打造共建共治共享的社会治理格局。

（三）设计意图

以“习近平总书记对安吉白茶有着不一样的牵挂”，引出党和政府的发展思想和发展目的。在安吉人的扶贫工作中，体会“共享发展”的理念。以习近平总书记“吃水不忘挖井人，致富不忘党的恩”的话语对同学们的思考进行迁移，使其思考自己感受到的党的恩情，体会到党和政府在共享发展中的一些具体民生措施。

（四）教师过渡

临别时，习近平总书记不忘给余村人再鼓鼓劲儿：“这里的发展后劲潜力很大，希望再接再厉，乘势而为，乘胜前进。”

三、课堂小结

绿水青山就是金山银山。

路子选对了，就要走下去。

保护生态，生态就会回馈你。

老百姓顺心满意，国家越来越好。

四、教学拓展

建设美丽乡村、美丽社区，人人有责。请同学们利用周末时间，为自己所在的村或社区做一件力所能及的事情。

本课以改革开放的全面深化为切入口，以改革开放为落脚点，即让人民共享发展成果、走向共同富裕，以此构建“改革进行时”和“共享发展成果”两部分内容。怎样能让学生以当前的认知水平去消化吸收这些内容，这个教学设计提供了很好的示例。该设计采取了以小见大、以点带面的独特风格，让学生在对浙江省湖州市安吉县余村别样色彩的主题情境探究中，去发现、去理解、去感悟全面深化改革的必要性和相关举措，以及共享发展成果的原因和举措。本课具有以下三个特点：

1. 主题情境设计有维度。本节课的教学设计有时间维度，对余村的主题情境探究从余村改革开放初期一直延伸到现在，时间跨度40余年，把余村改革开放的发展历程以点带面地呈现在学生眼前，时间轴非常清晰。本课的教学设计也有空间维度，看似是展现余村的发展状况，其实是以小见大，把余村的发展和整个国家的发展巧妙地结合起来，拓展了空间维度。

2. 主题情境推进有深度。本课在主题情境推进过程中尽管是以余村的发展为背景，但在问题的指向上往往以余村为切入口转向更广的国家层面，无论是全面深化改革的内容，还是共享发展成果部分都体现了这一点。三个情境中，“安吉余村的灰色记忆”展现了改革开放遇到的困惑，“安吉余村的绿色情意”展现了改革开放找到了突破口，而“安吉余村的白色暖意”又展现了改革开放的落脚点，这又是逐步深化的过程。

3. 主题情境呈现有温度。三个情境呈现了不同的色彩，从“灰色记忆”到“绿色情意”再到“白色暖意”，既让我们感受到改革开放发展的曲折历程和向好趋势，又让我们感受到全面深化改革的过程中党和国家对民生的关注度不断提高，还让我们感受到党和国家对人民的殷切关怀和丝丝暖意，这有助于学生深刻理解改革开放与共享发展成果之间的关系。

（第一课参与编写者：陈伟峰，吴江区南麻中学）

第二课　创新驱动发展

课时一　创新改变生活

【课标要求】

本课所依据的课程标准相应部分是“我与国家和社会”中的“认识国情，爱我中华”。对应的具体内容：“了解我国在科技、教育发展方面的现状，理解实施科教兴国战略的现实意义，认识科技创新的必要性，努力提高自身素质。”

【教材分析】

第一框“创新改变生活”主要论述“如何理解创新”和“为什么要重视创新”的问题，下设两目，引导学生从感知创新到理解创新、把握创新的内涵、理解创新的引擎作用。创新不仅是人类进步的第一动力，也是实现中华民族伟大复兴的重要动力，创新让生活更美好。第一目侧重对创新的感性认识，引导学生感受生活处处有创新，生活中的各个领域都可以有创新，理解创新是一种生活方式，体验创新所带来的积极情绪情感，指明创新可以让生活更美好。第二目侧重对创新的理性分析，阐述创新对人类发展、民族复兴、社会进步、改革发展的重要意义。

【学情分析】

青少年学生的思维发展特点和已有的创新体验为其参与本框的

学习奠定了重要的基础。正处于青春期的青少年学生，其神经元与前额叶皮层的快速发育，为其思维发展提供物质基础，他们思维活跃、精力充沛，经常会有想创造的冲动。与此同时，他们也在丰富的校园活动中，积累了许多创新活动的经验，形成了对创新的感性认识。但是，大多数青少年学生仅停留在对创新的浅层次理解上，往往局限于从科技发明的角度理解创新而较少从文化、制度等角度理解创新，会认为创新只是个体的行为，而没有认识到创新对于人类进步、社会发展的深远意义。因此，需要帮助他们，使他们形成对创新全面、理性的认识。

【教学目标】

1. 体会创新与美好生活的内在关联，认同创新的价值。在感受中国创新成就中培养民族自豪感，增强文化认同，提高文化自信。

2. 提高根据具体的创新行为、创新现象分析创新价值的能力。

3. 了解创新的内涵，知道生活处处有创新。理解创新是引领发展的第一动力，与改革关系密切。

【重点难点】

教学重点：建设创新型国家的必要性和措施。

教学难点：思考创新与幸福生活的关系，明确创新的价值取向。

【知识体系】

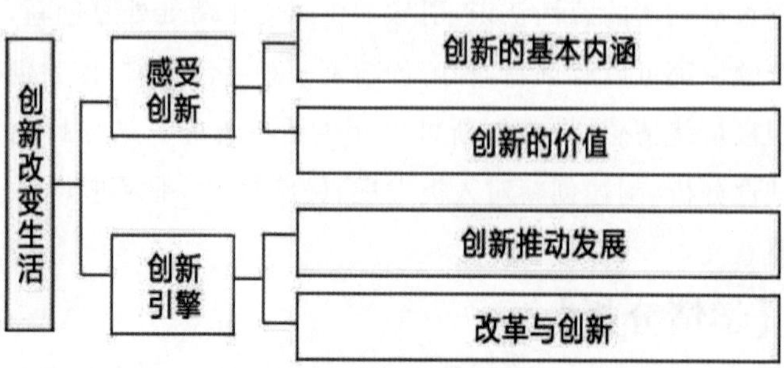

【探究过程】

一、新课导入

图一

图二

图一用废灯泡制作花瓶。图二用废轮胎做雨伞置物架。

(一)互动探究

秀一秀你在生活中的废旧物品创意。

(二)归纳点拨

很多同学的创意既新颖又实用,看来大家都是生活中的有心人。创新不一定是伟大的发明,只要你有心,就可以在点滴之中感受创新的魅力。这节课,我们一起来感受创新。

(三)设计意图

用"创意"图片作为导入,可以迅速抓住学生的眼球,激起学生的探究兴趣,并从学生自身的生活经验入手,让学生有话可说,顺利引出创新的话题,激发学生的感性体验。

(四)教师过渡

刚刚我们的同学都秀出了自己的创意,可谓精彩纷呈。那么,大家对"创新"到底了解多少呢? 接下来,我们就跟着九年级(1)班的同学,一起去看看他们的研究性学习成果展。

二、新课教学

◇ 主题情境:九年级(1)班学生进行了主题为"创新

改变生活”的研究性学习成果展示

* * * **情境一 生活与创新** * * *

第一小组的成员向我们介绍了一位学生：

这是苏州碧波小学学生张仁炜设计的科技创新作品，荣获“第四届苏州市青少年科技创新市长奖”。家用式鸡头米（新鲜芡实）剥壳机的创意源于张仁炜同学在生活中看见奶奶剥鸡头米非常辛苦，从而在和老师探讨交流过程中提出的一个设想。在研究过程中，张仁炜在老师的启发下了解鸡头米的结构和特点，还亲自去市场调研了解了鸡头米的价格，并向老一辈询问了剥鸡头米的经验和技巧。在参阅了大量资料后，张仁炜设计了鸡头米剥壳机的草图，并通过多次改进创新，最终制作成了家用式鸡头米剥壳机。

（一）互动探究

1. 想一想：张仁炜设计的家用式鸡头米剥壳机的创意来源于哪里？

2. 辩一辩：有的同学认为“创新必须是全新的创造发明，否则就不能称之为创新”。你认同这一观点吗？你是怎样看待创新的？

3. 说一说：在生活中，你是否体验过创新的乐趣呢？你认为创新可以给我们带来哪些好处？

4. 查一查：其实，生活的各个领域都需要创新，也都可以创新。你能举例说明吗？

（二）归纳点拨

1. 来源于生活，生活处处有创新。创新可以是别出心裁的点子、突发奇想的灵感、独具匠心的构思……

2. 不认同。创新不只是从无到有的创造发明，还可以是对已有成果的改进和完善；创新不只是局限于科技领域，还可以渗透在生活的方方面面；创新不只是灵光乍现的顿悟，更需要年复一年的积累；创新是个人的创意行为，也是团队、集体的创造活动。创新是一种生活方式。

3.创新给我们带来惊喜，让我们获得成就感。创新点燃激情，让我们的生命充满活力。创新改变我们的思维方式和行为方式，让我们勇敢面对挑战，激发潜能，超越自我。

4.知识的创新提供新的思想和方法，比如提出一种新的学说理论，改变人们对世界的认识等；技术的创新促进生产力发展、增加社会财富，比如工厂里面机器设备的改进提高了生产效率，促进了生产力发展；制度的创新促进公平正义、推动社会进步，比如我国的民族区域自治制度，就是制度创新，其意义也是深远的。

（三）设计意图

以研究性学习成果展示这一情境入手，比较新颖。引用学生看到身边的创新，可以使学生产生共鸣，让学生在层层设问中感受到生活中的创新。

（四）教师过渡

从第一组同学展示的图片中，我们重新认识了创新，感受到创新让我们的生活更美好。那么创新与国家之间又是怎么样的关系呢？

***　　*　　*　　情境二　发展与创新　　*　　*　　***

第二小组的成员向我们展示了一组图表：

图一　人类文明史上的创新

创新战略大汇集
◆2012 年，中国共产党第十八次全国代表大会提出实施创新驱动发展战略。2016 年，党中央、国务院提出到 2050 年建成世界科技创新强国。
◆2013 年，德国提出“工业 4.0”战略，旨在充分利用信息通信技术和网络空间虚拟系统，即信息物理系统相结合的手段，使制造业向智能化转型。
◆2014 年，印度把“印度制造”列为国家战略，旨在以加强制造业为突破口，把印度变成新的“全球制造中心”。
◆2015 年，美国发布最新版《美国国家创新战略》，旨在未来十年以创新驱动经济增长，以创新推动产业发展，以创新拉动国内就业。
◆2016 年，韩国提出人工智能、无人驾驶技术等九大国家战略项目，将其作为发掘新经济增长动力和提升国民生活质量的新引擎。

表一　世界各国的创新战略

第一步	第二步	第三步
到 2020 年进入创新型国家行列，基本建成中国特色国家创新体系	到 2030 年跻身创新型国家前列，发展驱动力实现根本转换	到 2050 年建成世界科技创新强国，成为世界主要科学中心和创新高地

表二　我国的创新驱动发展战略

（一）互动探究

1. 看一看：从图一工业革命的历程中，你能看出创新与人类社会发展存在着怎样的关系吗？

2. 查一查：表一中各国纷纷推出各自的创新发展战略，你感受到了什么？为什么这些国家纷纷制定自己的创新战略？

3. 想一想：中国制造 2025，是中国政府实施制造强国战略的第一个十年行动纲领。创新驱动发展战略是中华民族伟大复兴的必然要求和现实需要。表二中的“三步走”战略目标带给我们什么启示？

（二）归纳点拨

1. 回顾人类文明史，创新始终贯穿其间。创新是推动人类社会向前发展的重要力量。

2.时代发展呼唤创新,创新已经成为世界主要国家发展战略的重心。在激烈的国际竞争中,唯创新者进,唯创新者强,唯创新者胜。

3.进入实现中华民族伟大复兴中国梦的关键阶段,必须始终坚持抓创新就是抓发展、谋创新就是谋未来,让创新成为国家意志和全社会的共同行动。创新发展是中华民族复兴的国家命运所系。实施创新驱动发展战略,推进以科技创新为核心的全面创新,让创新成为推动发展的第一动力,是适应和引领我国经济发展新常态的现实需要。

(三)设计意图

结合具体真实的历史背景和时事新闻,做到了理论联系实际,可以让学生直观感受到创新对国家的重要性。

(四)教师过渡

第二小组的同学带着我们了解了创新在过去、在当下、在未来的重要作用,强调了创新与国家之间的紧密联系。接下来,让我们一起探讨创新与改革之间的微妙关系。

* * * 情境三 改革与创新 * * *

第三小组的成员向我们介绍了一座城市:

在中国改革开放的进程中,靠着“敢为天下先”的创新精神,深圳经济特区一直发挥着“试验田”作用,创造了第一家合资企业、第一个万元户村等众多“中国改革第一”。深圳从一个边陲小镇发展为国际化大都市。随着改革向纵深推进,深圳又提出“特别能改革,特别能开放,特别能创新”的发展定位,先后推出多项重大改革,并取得阶段性突破。改革开放以来,一批又一批年轻人来到深圳,在这片热土上挥洒汗水、施展才华、实现创新梦想。他们专注工作,致力创新;他们追求时尚,满怀激情;他们自信开放,善于归纳。他们在创造着自己和特区更美好的未来。

（一）互动探究

1. 讲一讲：深圳是一座因改革而生、因创新而兴的城市。从深圳的发展中你得到什么启示？改革与创新存在怎样的关系？

2. 说一说：请你结合第二小组和第三小组提供的资料，说说我国为什么要坚持创新驱动发展战略？

（二）归纳点拨

1. 改革在不断创新中提升发展品质，创新通过改革渗透到社会生活的方方面面。改革、创新推动中国走向富强。

国家用改革之手激活创新引擎，释放更多创新活力，让广大人民群众通过创新更好地分享改革发展成果。中国正走在通往国强民富的创新之路上。

2. ①创新是引领发展的第一动力，是民族进步的灵魂，是一个国家兴旺发达的不竭源泉，也是中华民族最深沉的民族禀赋。②创新是推动人类社会向前发展的重要力量。③时代发展呼唤创新，创新已经成为世界主要国家发展战略的重心。④创新发展是中华民族复兴的国家命运所系。实施创新驱动发展战略，推进以科技创新为核心的全面创新，让创新成为推动发展的第一动力，是适应和引领我国经济发展新常态的现实需要。⑤改革创新推动中国走向富强，广大人民群众通过创新更好地分享改革发展成果。⑥科技创新能力已经成为综合国力竞争的决定性因素。

（三）设计意图

从深圳这座城市的变化入手，使学生直观感受到改革与创新的关系，进而让学生深入思考国家实施创新驱动战略的原因。

三、课堂小结

生活处处有创新，

创新带来生活美；

人类社会向前进，

国际竞争创新胜；

创新驱动大战略，

国家命运之所系；

中华民族奔富强，

人民群众享成果。

四、教学拓展

请三组同学把自己小组展示的研究性学习资料再次整理，然后三个小组的资料进行整合，最后形成一份完整的研究性学习总结报告。

（一）设计意图

课后拓展这一环节，对学生创新精神的培养和操作性实践能力的培养，起着重要的作用。本框课后拓展的设计，贴近学生实际，是对课堂教学的延伸，能够使学生学以致用，同时也丰富了学生的业余生活，能够引导学生利用课余时间进行再创造。

（二）专家点评

本节课设置了“研究性学习成果展示”这一主题情境，从生活与创新、发展与创新、改革与创新这三个情境进行小组展示活动，与学生平时参加研究性学习活动相联系，贴近学生的生活，发挥了学生的主体作用，让学生在整个环节中有话可说，有话想说，有话好说。本课具有以下三个特点：

1.教学方式有新度。本节课打破了以往用故事或者案例为主题情境的模式，采用了研究性学习成果展示的形式来进行主题情境教学，形式比较新颖，让人眼前一亮。

2.活动开展有梯度。本节课的活动设计不仅仅局限于课堂中，教师为学生搭建了更为广阔的平台，让学生走出教室，走进社会实践活动大讲堂，引导学生在实践活动中有所思、有所感、有所悟，真正实现知行合一。

3. 情理交融有深度。主题情境教学需要学生的参与，学生在参与的同时，不仅能获得知识，还能获得情感体验。教育的根本任务是“立德树人”，在主题情境教学中融入情感，引起学生情感上的共鸣，正是“育人”的体现，也是三维目标中情感态度价值观目标的实现，还是情境教学的最终目的。主题情境教学的过程，不仅要有唤醒情感因素的“情”，更要有思维碰撞的“深”度。利用研究性学习的主题情境，让学生在学习中进行质询和实证，让学生成为课堂的主人，有利于培养学生的自信心，端正学习态度。同时也为学生提供了发展综合技能的机会，如高层次的思维、问题的解决、合作沟通等。

课时二　创新永无止境

【课标要求】

本课所依据的课程标准相应部分是“我与国家和社会”中的“认识国情，爱我中华”。对应的具体内容：“了解我国在科技、教育发展方面的现状，理解实施科教兴国战略的现实意义，认识科技创新的必要性，努力提高自身素质。”

【教材分析】

本框主要阐述“怎么做”的问题，分为两目，展现我国在创新发展方面取得的成就与面临的挑战，指出我们要积极应对挑战，国家、企业、社会、个人都应该激发创新活力，为建设创新强国而努力。第一目引导学生了解我国科技创新发展的现状，在此基础上，引导学生认识建设创新型国家要落实科教兴国战略、人才强国战略，注重基础教育发展，提高自主创新能力，打造各种创新平台，并给予制度保障。第二目阐述在“双创”时代，企业要提升创新能力，个人要发扬创新精神，企业与个人都应尊重和保护知识产权。

【学情分析】

在这个创新的时代，创新已经成为世人普遍关注的焦点。“双创”时代的来临，给予每一个人创新、创业的可能；民族复兴路上的重大创新成就，点燃中华儿女的创造热情。对于正处于改革开放攻坚阶段的中国而言，创新更是民族复兴路上不断实现自我超越之需要。青少年正在逐步形成国家观、世界观，需要引导他们从更为宏观的角度看待当下中国的发展，从而培养民族担当意识，树立远大理想。

【教学目标】

1.理性看待我国科技创新发展的现状，自觉提高创新的主动性和自觉性。能自觉尊重劳动、尊重知识、尊重人才、尊重创造。

2.在日常生活中逐步培养创新精神，提高创新能力。

3.认识实施创新驱动发展战略、建设创新型国家的必要性和举措。

【重点难点】

教学重点：建设创新型国家的必要性和措施。

教学难点：实施科教兴国战略和人才强国战略。

【知识体系】

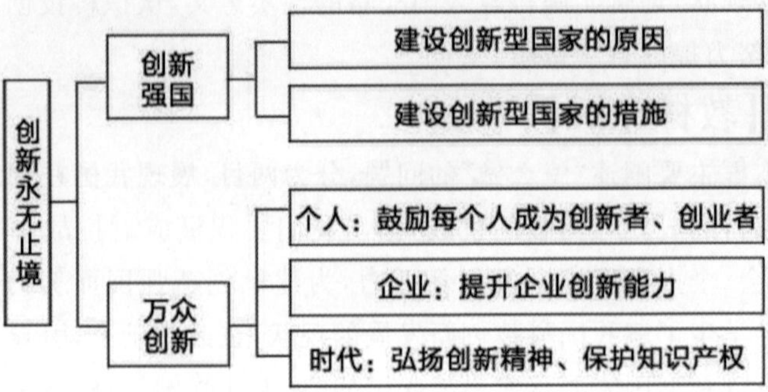

【探究过程】

一、新课导入

(一)播放视频

华为企业文化宣传片。

(二)互动探究

从华为的这个宣传片中，我们感受到了什么？

(三)归纳点拨

创新永无止境。

(四)设计意图

好的开端是成功的一半。用视频的形式导入，直奔主题，激起学生的学习兴趣，同时也为接下来的主题情境探究服务。

（五）教师过渡

从华为的这个宣传片中，我们可以深深地感受到——创新永无止境。接下来，让我们一起走进时刻准备着的华为。

二、新课教学

◇ 主题情境：时刻准备着的华为

＊ 情境一 华为的核心技术——"芯芯"之火，可以燎原 ＊

2018 年 8 月 31 日晚，华为在德国柏林国际电子消费展（IFA）2018 展会上正式揭晓了新一代移动处理器"麒麟 980"。发布会伊始，余承东就公布了麒麟 980 的 6 个世界第一：世界第一个 7nm 工艺 SoC、世界第一个 ARM A76 架构 CPU、世界第一个 Mali－G76 GPU、世界第一个双 NPU、世界第一个 1.4Gbps Cat.21 基带、世界第一个支持 LPDDR4X－2133 内存！

（一）互动探究

1.查一查："麒麟 980"的 6 个世界第一说明了什么？除此之外，你还知道我们国家有哪些科技创新成果吗？

2.议一议：刚刚同学们提到的这些科技创新成果，在多个领域走在了世界前列。那是否代表着我国已经是创新强国了？观察下面的图表，你有什么发现？

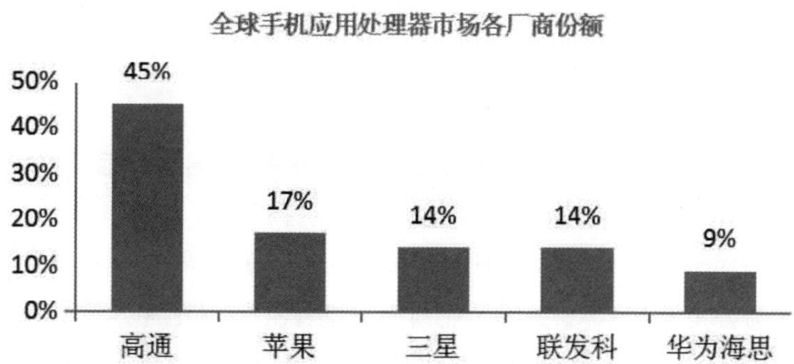

注：手机应用处理器是一个高度垄断的市场。高通是全球手机

应用处理器市场霸主。2018 年第一季度，高通在手机应用处理器(AP)市场的占有率达到 45%，其次为苹果(17%)、三星(14%)、联发科(14%)，华为海思市场份额预计在 9%。

(二)归纳点拨

1.说明了我国的科技创新能力在不断提高；科技创新能力已经成为综合国力竞争的决定性因素；我国在尖端技术的掌握和创新方面打下了坚实的基础，在一些重要领域走在世界前列。我国的科技创新成果有 C919 大飞机、“复兴号”动车、“北斗”卫星导航系统……

2.否。从上面的图表可以看出，在手机应用处理器市场，华为海思虽然能够占有一席之地，但与美国相比，仍存在着很大的差距。因此，我国仍然面临着科技创新能力不强、科技发展总体水平不高、科技对经济增长贡献率低于发达国家水平等问题。

(三)设计意图

先亮出华为“麒麟 980”的 6 个世界第一，让学生感受到我国在科技创新领域的成就，培养学生满满的自豪感。紧接着，用一张图表让学生看到了我国在科技创新方面存在的问题。通过鲜明的对比，引发学生思考建设创新型国家的原因。

(四)教师过渡

通过华为的核心技术与手机应用处理器市场的份额数据对比，我们体会到中国科技创新之路任重而道远。面对美国的制裁，华为打了一个漂亮的绝地反击战。接下来，让我们一起来看看华为创始人任正非是如何看待这次绝地反击的。

*** 情境二 华为的绝地反击——中华有为，国之荣耀 ***

播放视频《面对面》栏目任正非的采访片段：

2019 年 5 月 16 日，美国商务部在毫无根据的情况下，宣布将中国华为公司及其 70 家关联企业列入出口管制“实体名单”，禁止华为从美国企业购买技术或配件。针对美国的制裁，华为公司迅速启用花费十余年投入研发的备用方案，从而确保了华为大部分产品的战略安全与连续供应。华为凭借长期以来居安思危、未雨绸缪的战略远见和奋斗创新精神，打了一个漂亮的绝地反击战。5 月 21 日，华为创始人、首席执行官（CEO）任正非在接受《面对面》专访中，给我们带来了精彩的发言，让我们一起来关注。

任正非经典语录集锦：

◆我关心教育不是关心华为，是关心我们国家。如果不重视教育，实际上我们会重返贫穷的。

◆自主创新作为一种精神是值得鼓励的，站在人类文明的基础上，创新才是正确的。

◆除了研发，在对技术管理者、技术人才的尊重上，以及对于人才的吸纳和激励上，华为一直做得很好。

（一）互动探究

根据任正非的经典语录，谈谈面对美国的制裁，华为的反击对建设创新型国家有什么启示？

（二）归纳点拨

1. 必须落实科教兴国战略，将科技和教育摆在经济社会发展的重要位置，把经济建设中心转移到依靠科技进步和提高劳动者素质的轨道上来，加速实现国家的繁荣昌盛。

2. 要增强自主创新能力，坚持自主创新、重点跨越、支撑发展、引领未来的方针，坚定不移地走中国特色自主创新道路。

3. 必须加快形成有利于创新的治理格局和协同机制，搭建有利于创新的活动平台和融资平台，营造有利于创新的舆论氛围和法治环境。

（三）设计意图

用播放华为企业创始人任正非在《面对面》栏目的访谈视频来呈现这一情境，图文声像并茂，给学生更加直观的印象，多角度调动学生的情绪、注意力和兴趣。看到美国的管制，学生表现出愤慨和焦急；看到华为的反击，学生感觉到骄傲和自豪。一方面利用这种情感冲突，使学生更深刻地理解到中国科技创新之路任重道远，需要加快建设创新型国家；另一方面，引导学生感受我国的自主创新活力与决心，增强忧患意识，树立创新自信。

（四）教师过渡

从任正非的精彩发言中，我们总结了建设创新型国家的措施。华为面对美国的制裁，能够绝地反击，离不开华为的企业文化。

＊　情境三　华为的企业文化——“三观”并进，绚丽绽放　＊

材料一：华为的人才观

事实上，华为每年都会从各大院校招聘一批运筹学控制论、数理统计与概率论、计算数学的博士，从事分布式计算、密码学、网络安全、数据库、通信协议算法、通信网络优化等方向的高精尖人才。任正非提到，华为公司至少有 700 多位数学家、800 多位物理学家、120 多位化学家，还有 6000 多位专门在基础研究的专家，再有 60000 多位工程师来构建这么一个研发系统。华为强调：用人所长，英雄不问出身。

材料二：华为的核心价值观

成就客户、艰苦奋斗、自我批判、开放进取、至诚守信、团队合作。

材料三：华为的专利观

任正非说，如果我们保护原创发明，就有很多人去做原创，最后这个原创就会发展成产业。2019 年 3 月 19 日，世界知识产权组织发布的年度报告显示，华为公司的专利申请量在企业中位居全球第一。华为技术有限公司高级副总裁余承东也通过微博表示，多年来华为坚持研发投入，鼓励知识创新，推动科技发展。保护知识产权，我们将不断努力。

（一）互动探究

1. 辩一辩：根据材料一，谈谈是否只有科学家才能创新？如何理解“用人所长，英雄不问出身”？

2. 想一想：从材料二中，你感受到了怎样的创新精神？

3. 说一说：根据材料三，说说在创新的时代，如何保护知识产权？

（二）归纳点拨

1. 否。大众创业、万众创新的理念深入人心。创新不唯年龄、不唯学历、不唯职业，每个人都是创新者，都向往在创新中实现自我价值；创业不分男女、不分城乡、不分行业，每个人都是创业者，都可以通过辛勤劳动为国家和人民做出贡献。

2. ①敢为人先、敢于冒险的勇气和自信。②探索新知的好奇心和挑战权威的批判精神。③承受挫折的坚强意志和沟通合作的团队精神。④舍我其谁的责任担当和造福人类的济世情怀。

3. 创新的时代，既要尊重他人的知识产权，又要学会保护自己的知识产权。当知识产权受到侵犯时，我们要善于运用法律维护自己的权益。

（三）设计意图

通过了解华为的人才观，引发学生深思是否只有科学家才能创新，使学生在思维的碰撞中理解大众创业、万众创新，引导学生认识建设创新型国家不仅是国家的责任，还是每个企业、每位公民的责任。用图例的形式让学生了解华为的核心价值观，简单明了，直观清晰，可从中引出创新精神的表现，让学生感受创新精神的生命力，更为深刻地理解创新需要几代人接续努力。通过华为的专利观，让学生深入思考保护知识产权的重要性，拓展学生的法律常识。

三、课堂小结

科技创新任重道远，
国家战略须要落实，
科技教育放在首位，
自主创新定要增强，
创新氛围加快形成，
企业创新不容忽视，
万众创新势在必行，

知识产权依法保护，

创新——永无止境。

四、教学拓展

有人说，创新就该追求原创；也有人说，创新应当从模仿开始。请同学们根据这两种观点分为正方与反方开展班级辩论会。具体要求如下：

1. 列好提纲，条理清晰。

2. 注重论述说理，理论联系实际，具有一定的见解和深度。

3. 引用资料需正确科学，不得弄虚作假。

（一）设计意图

在课后拓展的环节设置了辩论赛，能引发学生主动搜集论证素材，有效培养学生思辨思维能力，有助作文立意的正确价值观取向。同时，可以增强学生学习的自主性，提高思辨性议论文写作水平。

（二）专家点评

本节课从华为企业入手，以“时刻准备着的华为”为主题情境，通过华为的核心技术、华为的绝地反击、华为的企业文化——“三观”三个情境进行教学。主题情境突出核心知识，能够让学生在特定环境下开展方向明确的探究活动，为学生核心素养的提升创造良好条件，实现学生的主动成长。本课具有以下三个特点：

1. 情境创设，身临其境。教育即生活。选择什么样的情境为教学服务一定不能脱离学生的真实生活。本课所创设的主题情境是学生耳熟能详的华为企业。生活化的主题情境，不仅激发了学生的学习热情，还为学生提供了观察生活、思考生活的机会。

2. 问题设计，循循善诱。随着情境的层层展开，根据学生的认知特点及规律，设置不同层次的问题，由浅入深，由表及里，循循善诱，逐级探究。既有学生的独立思考，又有学生的合作探讨，发散了学生的思维，使学生充分表达自己的观点和见解。

3. 目标设定，价值引领。本节课的设计与实施以立德树人为基本导向，借助华为企业为主题情境，用图文并茂的形式呈现三个情境，辅以巧妙的问题设计，通过对比、归纳、辩论等方式，引导学生在情境中多角度、全方位思考问题，发展了学生的批判性思维、合作精神及交往技能。教师在教学过程中注重引导学生将"自觉提高创新的主动性和自觉性"内化于心，外化于行，注重价值引领和情感体验。

（第二课参与编写者：沈婷，吴江区运河实验初中）

第二单元　民主与法治

第三课　追求民主价值

课时一　生活在新型民主国家

【课标要求】

本课所依据的课程标准相应部分是“我与国家和社会”中的“认识国情，爱我中华”。对应的具体内容：“知道中国特色社会主义理论体系。了解我国现阶段基本经济制度和根本政治制度，知道我国各族人民的共同理想。”

【教材分析】

本课从学生“心目中的‘民主’是什么样的”入手，引导学生反思自己在日常生活中对民主的朴素认识，把对民主的追求放到历史长河中，促使学生将对民主的认识由生活化理解上升为国家制度层面、价值层面的认知，进而帮助学生理解我国今天的社会主义民主制度的建立和完善是一个历史选择的过程，每一个国家的民主制度依据具体国情都有其自身特点；引导学生认识到我国社会主义民主的本质特征是人民当家做主，我国社会主义民主具有广泛性、真实性等特点，从而能够保障人民的最大利益，有助于推动经济社会持久健康发展和国家的繁荣富强；帮助学生认识协商民主与选举民主是我国社会主义民主的两种重要形式，两者既有联系，又有区别。

【学情分析】

从生活经验来看，大部分中学生的民主政治生活经验仅限于学校、班干部的选举，缺乏参与民主生活的社会经验。从知识储备来看，学生在八年级已经从《中华人民共和国宪法》的角度学习了中国特色社会主义民主制度，对我国的根本政治制度、基本政治制度及其内容均有所了解。但是如何从社会主义核心价值观的层面理解民主，还需要通过不断学习来建立认同。本框通过介绍社会主义民主制度的确立过程，中国特色社会主义的本质和实现方式，帮助学生认同民主价值，引导学生做负责任的公民。

【教学目标】

1.通过回顾近代以来中国人民对民主制度的探索，认同民主制度的建设是一个过程，认同民主是具体的；能够根据本国的国情理性看待民主实现的方式。

2.能够举例说明发展社会主义民主对推动经济社会持续健康发展，实现人民安居乐业、国家繁荣富强的作用；通过分析公民参与公共事务的典型事件，概括新型民主的本质。

3.知道人民当家做主是社会主义民主政治的本质特征；选举民主与协商民主的特点，协商民主是我国人民民主的特有形式。

【重点难点】

教学重点：我国社会主义民主是一种新型的民主。

教学难点：社会主义民主的本质。

【知识体系】

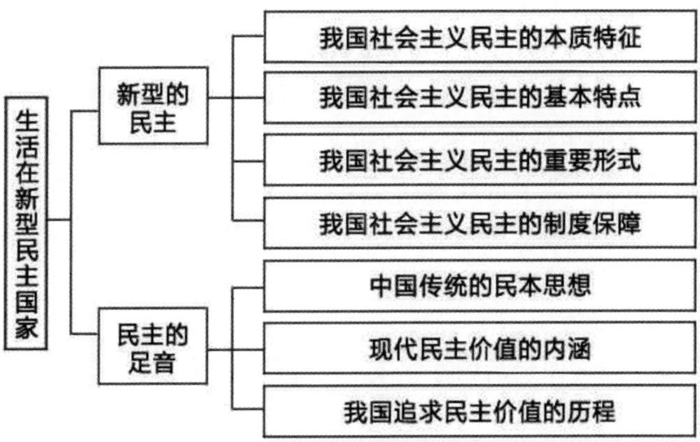

【探究过程】

一、新课导入

(一)展示材料

9 月 15 日,国际民主日。国际民主日始于 2007 年,第 62 届联合国大会一致通过决议,将每年的 9 月 15 日定为国际民主日,并促请所有会员国、联合国系统各组织、政府间组织和个人等以适当的方式庆祝该节日,以提高公众的认识。

(二)互动探究

1. 猜一猜:9 月 15 日是什么日子?

2. 说一说:你心目中的民主是什么样的?

(三)归纳点拨

1. 国际民主日(随即展示材料)。

2. 学生畅所欲言,如自由发表意见,想说什么就说什么;投票选举;少数服从多数;等等。

(四)设计意图

先设疑问,设置悬念,随即展示材料,释疑,解除悬念,并顺理成章地引出民主这一主题。

(五)教师过渡

民主是否真如同学们所说的那样呢?本节课我们就一起来学习民主的相关知识,一起来揭开民主的神秘面纱。

二、新课教学

◇ 主题情境:广场舞的演变史

* * * 情境一 遭人质疑的广场舞 * * *

随着人们生活水平的不断提高,越来越多的人在闲暇时间加入广场舞的队伍,既丰富业余生活,又强身健体。但时至今日,提到广场舞,令人担忧的扰民问题也越发突出。时有居民发问:难道这就是广场自由、广场民主?

(一)互动探究

1. 谈一谈:你生活的小区有广场舞扰民的现象吗?你是怎样理解广场舞民主的呢?

2.查一查:民主的内涵是什么?民主价值是如何实现的?

3.说一说:我国是从什么时候有民主思想的?

4.讲一讲:我国追求民主的历程如何?

(二)归纳点拨

1.有。我觉得广场舞民主应该是指舞蹈的民主、舞者的民主,即人们可以自由地选曲、自由地加入舞蹈队伍,但不可以影响其他人的正常生活。

2.一般来说,民主在价值上要求大多数人当家做主。民主价值的实现要靠民主形式和民主制度的建立。一个国家选择走什么样的民主道路,取决于它的具体国情。

3.在中国,“民主”一词最早出自《尚书》。中华优秀传统文化中的“政得其民”“以百姓心为心”等民本思想,是中国民主价值追求的重要思想源头。

4.展示:中国共产党领导中国人民进行社会主义民主的不懈探索的图表。

中华人民共和国民主政治建设和曲折发展

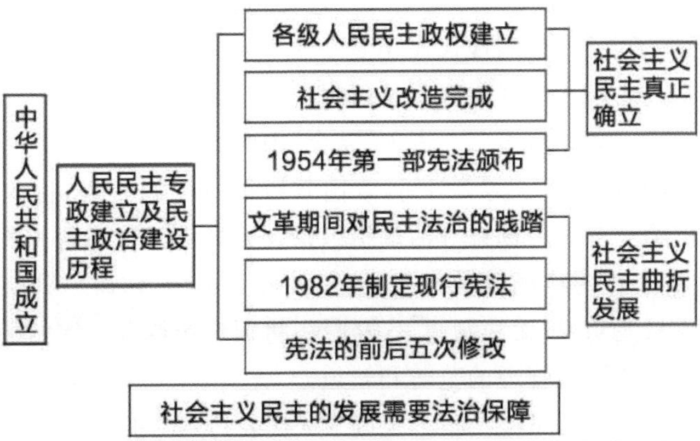

(1)1840年以来的近代中国饱受封建专制压迫和外敌入侵的屈辱。抗击侵略、反对专制、救亡图存、争取民族独立、伸张人民权利,成为当时中国人民的最强心声。

(2)回溯中国人民追求民主价值的历史进程,无数仁人志士前仆后继,不惜献出生命,但这些艰辛尝试并没有实现“还权于民”,民族独立、国家富强的愿望在近代没能实现。

(3)中国共产党自成立起就以争取和实现人民当家做主为己任,始终在不断探索适合中国社会和中国革命的民主实现方式。

(4)1949 年,中华人民共和国的成立,实现了从几千年封建专制政治向人民民主的伟大飞跃。中国革命的胜利就是人民民主的胜利。

(5)中华人民共和国成立后,随着各级人民民主政权的建立和社会主义改造的完成,社会主义民主在中国大地上得以真正确立。改革开放以来,中国共产党总结经验和教训,领导中国人民进行社会主义民主的不懈探索。

(三)设计意图

结合广场舞的形成背景以及人民对其的喜爱之情,让学生了解民主,懂得我国社会主义民主的内涵,通过图解使学生对我国追求民主的进程形成直观印象。

(四)教师过渡

现在同学们对民主的内涵以及我国追求民主的历程有了一定的了解,知道民主制度的形成是一个过程,我国现代民主较古代民主而言,已有了差异,我国现代民主是一种新型的社会主义民主。那么,新型民主的"新"体现在哪些方面呢?

*　*　情境二　进入"两会"视野的广场舞　*　*

2019 年全国"两会"期间,全国政协委员屈恩认为,目前城管和司法机关没有对广场舞等活动组织以及人员进行管理的相关规定和法律依据,面对广场舞噪音扰民、强占公共场所、妨碍公共交通等问题一般只能劝说,无法制止。他建议,将因广场舞等导致的扰民问题纳入法制和社会管理的范畴和轨道。

2019 年全国"两会"期间,全国人大代表乌兰图雅提出,作为一项健身表演活动,广场舞需要分年龄阶层、分类别加以引导,要针对不同的人群进行设计,让不同的群体接受不同运动形式和歌曲的广场舞,吸引更多年轻人的加入,让广场舞成为真正意义上的全民舞蹈。

(一)互动探究

1. 谈一谈:为什么政协委员屈恩和人大代表乌兰图雅都在关注

广场舞这一人民群众关心的话题?

2.想一想:我国社会主义民主的本质特征是什么?其基本特点又是什么?

(二)归纳点拨

1.人大代表和政协委员关注的都是人民群众关心的问题,说明我国的社会主义民主是维护人民根本利益的最广泛、最真实、最管用的民主。

2.我国社会主义民主是一种新型的民主,它从中国的社会土壤中生长出来,在实践中不断得到验证,是有生命力的。人民当家做主是社会主义民主政治的本质特征。我国社会主义民主是维护人民根本利益的最广泛、最真实、最管用的民主。

(三)设计意图

结合广场舞扰民这一真实民情,并联系“两会”时政,让学生真正了解民主,知晓我国社会主义民主的本质特征以及基本特点。

(四)教师过渡

对我国新型社会主义民主“新”在哪这个问题,相信同学们心中已经有了答案,即“新”体现在其本质特征和基本特点上。那果真就体现在这两方面吗?让我们继续探究。

* * * 情境三 步入文明的广场舞 * * *

为解决广场舞带来的矛盾和问题,常熟市文明办、常熟市体育局联合制定了《常熟市文明广场舞公约》(以下简称《公约》)。常熟全市各广场舞站点负责人向常熟市文明办递交了《文明广场舞公约承诺书》。

《公约》的内容包括:广场舞的活动场所应当在城市广场、公园、街道两侧开阔地带。学校、医院、党政机关和图书馆等噪声敏感区周边及影响道路交通安全的区域,严禁开展广场舞活动。活动时间为每天上午 6∶00~11∶00,下午 2∶00~8∶30。中考、高考前十天至考试结束及国家公祭日等特殊期间,暂停开展广场舞;每场活动时间都要控制在 2 小时之内。此外,《公约》还对广场舞播放音乐的音量有了明确的规定:音乐声源处音量值不得超过 85 分贝,白天音乐平均音量不得超过 60 分贝,夜间音乐平均音量不得超过 45 分贝。

不少广场舞爱好者表示,他们将认真遵守《公约》,做到“舞照跳,不扰民”。

(一)互动探究

1. 想一想:解决广场舞扰民问题,除了发挥法律的规范作用以外,还可以通过什么方法解决呢?

2. 说一说:发展社会主义民主具有什么重要意义?

3. 议一议:有同学认为“民主只是一种理想,在现实中是很难落实的。”请从民主制度角度进行评析。

(二)归纳点拨

1. 还可以通过协商解决。有事好商量,众人的事情由众人商量,是人民民主的真谛。我国实行人民民主,既要发展选举民主,保障人民通过选举、投票行使权利,又要发展协商民主,推动人民内部各方面在决策之前和决策之中进行充分协商,尽可能取得一致意见。协商民主是我国社会主义民主政治的特有形式和独特优势。

2. 发展社会主义民主,有助于推动经济社会持续健康发展,实现人民安居乐业、社会和谐稳定、国家繁荣富强。

3. 这种观点是错误的。因为社会主义民主的本质特征是人民当家做主,人民当家做主从来就不是一句口号、一句空话,而是落实在国家政治生活和社会生活之中的。

(1)人民代表大会制度是我国的根本政治制度,是人民掌握国家政权、行使权力的根本途径。

(2)中国共产党领导的多党合作和政治协商制度是我国的一项基本政治制度。这项制度强调通过充分协商,求同存异,找到最大公约数,画出最大同心圆。

(3)民族区域自治制度,是一项独具中国特色的实现民族平等、保障少数民族合法权利的基本政治制度。

(4)实行基层群众自治制度,发展基层民主,是社会主义民主政治建设的基础。

(三)设计意图

结合解决广场舞扰民的实际措施，让学生掌握社会主义民主的重要形式以及发展社会主义民主的意义，通过辨析让学生深入了解社会主义民主的制度保障。

三、课堂小结

通过这节课的学习，我们了解了民本思想是中国民主价值追求的重要思想源头，也知道了社会主义民主是中国人民的自觉选择，是符合中国国情的民主道路。更深刻地体会到社会主义民主是一种新型的民主，从其本质特征、基本特点以及重要形式上都可以体现。作为一种新型民主，我国社会主义民主要得以落实，需要民主制度的保障。我们要在了解民主、感知民主的基础上，自觉参与社会主义民主，发扬社会主义民主，增强热爱社会主义民主的情感。

四、教学拓展

假设你是一名政协委员，与同学合作调查所在小区存在(除广场舞扰民之外)的民生问题，试着写出你们的“提案”。

提案主要包括：标题(关于 XXX 的提案)；提案者(所在单位、提案名称)；案由(提出此份提案的理由)；案据(提出此份提案的依据)；方案(具体建议)。

(一)设计意图

本活动以学生为主体，以问题为驱动，从社会公共问题入手，让学生成为公共问题的发现者、研究者和解决者。一方面，学以致用，学生通过参与社会实践和撰写提案，加深对中国特色社会主义协商民主的理解；另一方面，可以培育学生公共参与、政治认同等核心素养。

(二)专家点评

“生活在新型民主国家”这框内容对于九年级学生而言有点过于深奥，且平时生活中接触不多。对于这样的学习内容，本框教学进行了较好地处理：

1. 素材生活化，打破“高深”局面。本课以广场舞扰民为背景，此背景来源于现实生活，贴近学生实际，看似“高深”的知识走入了学生生活，使学生不再抗拒。同时，让学生联系实践参与对知识的整理归纳，如在情境“遭人质疑的广场舞”中，教师让学生调查自己生活的小区有无广场舞扰民的现象并进行归纳整理，最后由教师进行点拨。这样可以充分调动学生学习的积极性和主动性，同时有利于激发学生参与社会现实生活的情感，培养学生观察、分析社会现实问题的能力。

2.情境精准化，打破“粗略”局面。本课采用主题情境教学，教学中围绕“广场舞的演变史”这一主题情境展开，以广场舞扰民这一真实情境为背景展开教学，避免了虚构情境。同时，本课分设“遭人质疑的广场舞”“进入‘两会’视野的广场舞”“步入文明的广场舞”三个子情境。三个子情境彼此独立，又相互统一，分别对应解决民主的内涵及我国追求民主的历程、我国社会主义民主的本质特征及基本特点、我国社会主义民主的重要形式及制度保障，板块清晰、设问明了，避免了堆砌情境、赘述问题等“粗略”局面，使学生更容易接受比较生疏、抽象的知识，课堂效率也得到了很大的提升。

3.问题序列化，打破“琐碎”局面。本课的问题设计多以“想一想”“说一说”“议一议”等形式呈现，彼此之间呈递进关系，构成序列，避免了一个知识一个问题的“零散”“琐碎”局面，利于学生思维深度的训练。

课时二　参与民主生活

【课标要求】

本课所依据的课程标准相应部分是“我与国家和社会”中的“认识国情，爱我中华”。同时，本框内容与十九大精神中“扩大人民有序政治参与，保证人民依法实行民主选举、民主协商、民主决策、民主管理、民主监督；维护国家法治统一、尊严、权威，加强人权法治保障，保证人民依法享有广泛权利和自由”这一内容相匹配。

【教材分析】

本课通过实际生活中初中生拨打市长热线电话反映问题，问题得到解决的事例，引导学生增强主人翁意识，积极参与民主生活，让学生意识到积极关心和参与公共生活既是公民的权利，又是义务。帮助学生认识参与民主生活、行使民主权利的基本方式与途径，逐步增强民主意识，学会依法参与国家事务，并在民主参与中培育参与国家政治生活的能力与素养。

【学情分析】

从生活经验来看，大部分初中学生有参与班干部选举、给班级或者学校提建议的经验。但由于初中学生是未成年人，还没有选举权，缺少参与民主政治生活的直接经验。从知识储备来看，初中学生对中国特色社会主义民主制度已经有了一定了解，知晓了我国社会主义民主的本质特征、基本特点、具体形式以及制度保障，但是如何做到知识的迁移、利用，如何在实际生活中参与民主，还需要通过不断的学习来增强认知。

【教学目标】

1.通过自觉参与民主生活的途径，养成公共参与素养，增强社会责任感和主人翁意识，逐步形成尊重、宽容、批判的民主态度，进一步认同社会主义新型民主。

2.通过参与民主生活，增强分析判断能力；能够以理性、公正、客观的态度全面、深刻、辩证地看待问题，逐步提高参与民主生活的水平；能够尝试用协商民主的方式解决一些社会问题，提高参与民主生活的能力。

3.知道行使民主权利的意义和做法；知道增强民主意识的意义和做法。

【重点难点】

教学重点：公民参与民主生活的主要形式。

教学难点：增强公民的民主意识。

【知识体系】

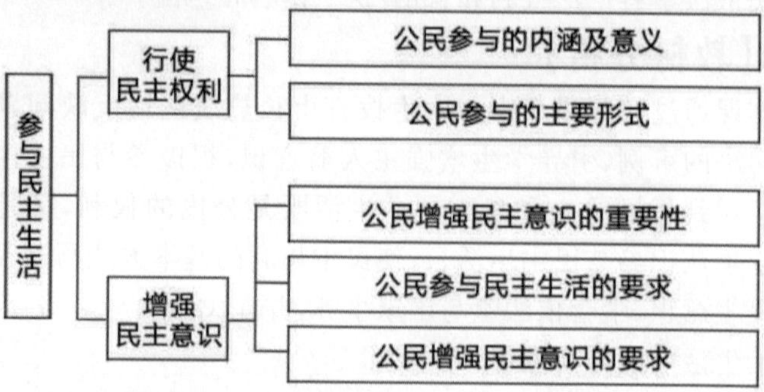

【探究过程】

一、新课导入

（一）播放音乐

歌曲《最炫民族风》。

（二）互动探究

1.想一想：你最常在哪里听见这首歌曲？你家所在小区有放过这首歌曲吗？

2.说一说：你现在对这首歌曲的印象如何？

(三)归纳点拨

1. 广场、公园、小区健身场等。

2. 节奏欢快等。

(四)设计意图

用广场舞“王曲”《最炫民族风》导入,可以迅速唤醒学生们的耳朵,激发学生的探究兴趣,顺利引出广场舞的话题。

(五)教师过渡

广场舞扰民已经成为一个普遍存在的社会问题,它涉及民主,同学们在平时的生活中是否意识到了呢?我们又该如何运用民主的力量帮助解决广场舞扰民的问题呢?今天,我们就一起来学习“参与民主生活”的相关内容吧!

二、新课教学

◇ 主题情境:解广场舞扰民之忧,我们在行动

情境一 细数广场舞纠纷之“风起云涌”

广场舞纠纷时有发生。

据河南洛阳媒体报道,洛阳王城公园篮球场发生暴力事件。事件具体经过:篮球场内的两个篮筐下当时已有不少人在打篮球。跳广场舞的大爷大妈们逐渐在场边集合,然后开始组成队形跳舞,慢慢地向篮球场内移动。打篮球的青年觉得受到干扰后开始和跳舞的人群交涉。双方言语不合不断升级,最终演变成肢体冲突。

长沙雨花区茂华国际小区门口,有一个物业专门划定的广场舞区域,小区的大妈们,每天吃过晚饭之后就会到这里来跳广场舞。但某天广场舞场地被该饭店顾客停车占用,大妈们要求饭店协助移车,结果引发纠纷。大妈们在跳舞的时候,竟然被一群陌生男子打伤,有人甚至被打断了 3 根肋骨。

几乎全国各地都有广场舞纠纷存在。

（一）互动探究

1. 说一说：你家所在小区有过类似纠纷发生吗？举例说明。

2. 议一议：如果你遇到广场舞纠纷，你会置之不理吗？为什么？

（二）归纳点拨

1. 有。如路边摊乱摆影响通行的纠纷、小区楼道乱放杂物的纠纷等。

2. 不会。因为这是公民参与民主生活的表现。公民参与既是社会主义民主的要求，又是公民的一项权利。公民依照法律法规，通过各种途径，以不同形式参与管理国家和社会事务，有利于实现民主权利，维护自身的合法权益，也有利于推进社会主义民主的制度化、规范化和程序化建设。

（三）设计意图

从广场舞纠纷这一社会热点问题入手，可以引发学生的很多共鸣。问题设计简洁明了，意在培养、加强学生的观察能力以及辨别是非的能力，帮助学生树立正确的是非观，增强学生民主意识。

（四）教师过渡

现实生活中广场舞纠纷不断，对此我们该有正确的立场，不能置之不理，要增强民主意识。有了民主意识，我们又该如何行使民主权利，为解决广场舞纠纷出自己的一份力呢？

＊ 情境二 应对广场舞扰民之“迷之操作” ＊

为了耳根清净，少受广场舞的干扰，不少居民发明了各种令人错愕的办法。

如居住在北京市昌平区的施某，因不满邻居跳广场舞的音乐音量太大，在与邻居发生争吵后，竟拿出家中藏匿的双筒猎枪朝天鸣枪发泄，还放出自己饲养的 3 只藏獒冲散跳舞的人群。

又如西安延长文景苑小区物业让保安放水冲地阻止大爷大妈们跳舞。小区保安说，放水是因为跳舞的声音影响了小区业主正常休息,要等到他们离开才会不再冲地。

除此以外,还存在用高音炮还击、泼粪等不理性的行为。

(一)互动探究

1.说一说:你有看见或听见过类似的不理性的还击方式吗?请举例说明。

2.讲一讲:如果你遇到广场舞扰民的情况,你会采取材料中的措施吗?你打算怎么做?

3.想一想:向有关部门反映广场舞扰民问题属于公民参与民主生活的哪种方式?其地位和作用分别是什么?

4.议一议:除此以外,还有哪些公民参与民主生活的方式?请逐一阐述。

(二)归纳点拨

1.有。我家邻居就经常把自己家音响声音开得很大,而且放的是摇滚音乐,故意扰乱跳广场舞大爷大妈们的节奏。

2.不会。我会采取如拨打市长热线、写信、发电子邮件、向人大代表反映等措施。

3.民主监督。

地位:民主监督是公民参与民主生活、行使公民监督权的具体体现。

作用:实行民主监督,有利于国家机关和国家工作人员改进工作,提高效率,克服官僚主义,防止滥用权力,预防腐败;有助于增强公民的参与意识,激发公民的参与热情。

4.还有民主选举、民主决策、民主管理、民主协商等。(上一框我

们已经学过了民主管理和民主协商的相关知识,这里不再赘述)

(1)民主选举

①地位:是人民实现民主权利的一种重要形式。

②形式:直接选举和间接选举、等额选举和差额选举。

③原则:公开、公平和公正。

④要求:公民要积极、主动、理性地参与民主选举。

(2)民主决策

①地位:是保障人民利益得到充分实现的有效方式。

②要求:民主决策的过程,要求保证广泛的公民参与,决策方认真听取各方意见,集中民智,促进决策的科学化。

③方式:社情民意反映制度、专家咨询制度、重大事项社会公示制度和社会听证制度。

(三)设计意图

从应对广场舞扰民不理性的行为出发,可以吸引学生的注意力,激发学生的兴趣。问题设计层层递进,让学生在发现问题、分析问题、解决问题的过程中培养学生参与民主生活的能力与素养。

(四)教师过渡

我们可以通过民主监督的形式向有关部门反映广场舞扰民的情况。但同学们有没有思考过,广场舞扰民的现象为什么会发生?接下来,我们一起来分析其中的原因。

*** 情境三 治理广场舞扰民之"妙招层出" ***

现在,不少家庭子女与老人生活完全脱节,甚至无暇顾及老人,老人只能寻求集体活动以充实自己。年轻人可以借助网络等工具丰富自己的精神生活，而老年人由于接受能力限制、文化背景等的不同，导致其精神生活得不到寄托。而广场舞给他们的精神娱乐提供了一种成本低，且有利于身体健康的方式，受到很多老年人的青睐。

对于广场舞扰民事件，需要大家齐心协力。政府一方面可以通过报纸、微博、微信公众号等渠道向大家宣传广场舞的好处，消除少数人的不理解和隔阂，甚至是对广场舞的敌意；另一方面要进一步加大投入，完善社区基础设施建设，为广大人民群众提供更为便利的活动场所。百姓之间也要加强沟通、理解，做到和谐共处。居委会可以帮忙从中进行调解，争取做到定时开放广场，定量释放音乐。

（一）互动探究

1. 说一说：有人“谈广场舞色变”，满脸的嫌弃，对此，请你运用“参与民主生活”的相关知识对他进行劝说。

2. 议一议：互联网时代，谣言通过网络传播，速度快，影响面广。旗帜鲜明地反对各种形式的谣言，我们应该怎么做？这对我们增强民主意识有什么启示？

3. 想一想：公民增强民主意识具有什么重要意义？

（二）归纳点拨

1. 我国公民参与民主生活，要求具有社会责任感和主人翁意识，要以理性、公正、客观的态度全面、深刻、辩证地看问题，立场正确、逻辑清晰地表达观点和意见，逐步提高依法有序参与民主生活的能力。

2. 对他人的谣言应该持不听、不信、不问、不传的态度；不要人云亦云，做他人的传声筒；不要在已经传开的谣言内容上再加一些个人好恶的言论，添油加醋，恶意中伤他人；更不能在自己私利的基础上去制造流言蜚语。一般说来，如果在谣言的传播过程中多问几个“为什么”，无意之中便能起到减少谣言传播的广度和速度。

要自觉遵守《中华人民共和国宪法》，始终按照宪法原则和宪法精神参与民主生活；要不断积累民主知识，形成尊重、宽容、批判和协商的民主态度；公民要通过依法参与公共事务，在实践中逐步增强民主意识。

3.在现代社会,民主应该成为公民的一种生活方式和生活态度,一个国家和社会民主生活的质量和水平,与公民的民主意识密切相关。

一个国家拥有什么素养的公民,就会有什么样的未来。增强我国公民的民主意识,有利于完善中国特色社会主义民主,这也是社会主义制度生命力的重要保证。

(三)设计意图

分析广场舞大爷大妈们的内心需求,引导学生进一步形成理性、公正、客观、宽容的态度,增强民主意识,积极参与民主生活,增强民主意识。

三、课堂小结

通过这节课的学习,我们知道了公民参与的内涵及意义,知道了增强民主意识的意义和做法,对民主权利也有了更多的认识,掌握了参与民主生活的主要形式。一个国家拥有什么素养的公民,就会有什么样的未来。所以要自觉增强民主意识,增强社会责任感和主人翁意识,不断增强分析判断能力,以理性、公正、客观的态度全面、深刻、辩证地看问题,逐步提高公民依法参与民主生活的水平。

四、教学拓展

请同学们以小组合作的方式设计一份“校长小助理”的选举方案。选举方案主要包括:活动目的和规则,选举的程序,选举对象的要求,推荐和投票形式,注意事项。选举的程序主要包括五个阶段:一是启动阶段,广而告之,扩大活动影响;二是推荐阶段,确定候选人;三是投票阶段;四是公示阶段;五是揭榜阶段,宣布选举结果。

(一)设计意图

选举“校长小助理”是学生参加民主管理的实践,它承认每个学生拥有平等权、自由权。本次活动方案由学生自己制订,有利于学生积极参与民主实践,增进对民主程序的理解,提高民主协商的能力。

（二）专家点评

主题情境运用贯彻教学始终。本节课教师围绕“解广场舞扰民之忧，我们在行动”这一主题情境进行教学，分设“细数广场舞纠纷之‘风起云涌’”“应对广场舞扰民之‘迷之操作’”“治理广场舞扰民之‘妙招层出’”三个小情境。三个小情境之间层层深入，紧密相连。通过对三个小情境的逐层处理，将公民参与民主生活的意义、形式、要求逐步揭示。课堂实践证明，学生从一开始就能融入课堂，主题情境的完整运用使得整堂课完整而有序，避免了情境的碎片化、零散化，能将书本枯燥深奥的知识具体化、情境化，激发了学生的学习兴趣，增强了知识的外显性与实践性，使学生对增强民主意识、行使民主权利有了形象直观的把握。

（第三课参与编写者：吕金波，吴江区汾湖实验初中）

第四课　建设法治中国

课时一　夯实法治基石

【课标要求】

本课所依据的课程标准相应部分是“我与国家和社会”中的“法律与秩序”。对应的具体内容:“知道依法治国就是依照宪法和法律的规定管理国家,体会依法治国基本方略的实施有赖于每个公民的参与,是全体公民的共同责任。”

【教材分析】

本课从学生熟悉的生活场景引出法治的主题,阐述法治的内涵,论证法治是中国的必然选择,展现我国改革开放以来的法治进程及中国法治蓝图,引导学生坚定不移地走中国特色社会主义法治道路。

【学情分析】

学生在八年级已经围绕“公民与国家关系”的主题,以宪法精神为主线,学习了《中华人民共和国宪法》的主要内容,他们的公民意识、国家意识、法治意识都有一定程度的增强,这为本课的学习打下了坚实的基础。但学生还没有形成完整的法治思维,没有形成坚定的法治信仰。而本课所讲的法治及全面依法治国给学生提出了更具时代性的法治要求,所以应进一步学习,夯实法治基础。

【教学目标】

1.增强学生的法治价值观和法治素养,从而严格遵守法律,做合格的法治社会公民。

2.正确看待法治中国建设中出现的问题，能够正确分析日常生活中的法治现象，明辨社会生活中的法治行为。

3.了解法治的内涵，理解中国特色社会主义法治道路是实现中华民族伟大复兴的必然选择；知道全面推进依法治国的总目标和具体要求。

【重点难点】

教学重点：法治的重要性。

教学难点：坚定走社会主义法治道路，就必须坚持党的领导、人民当家做主和依法治国的有机统一。

【知识体系】

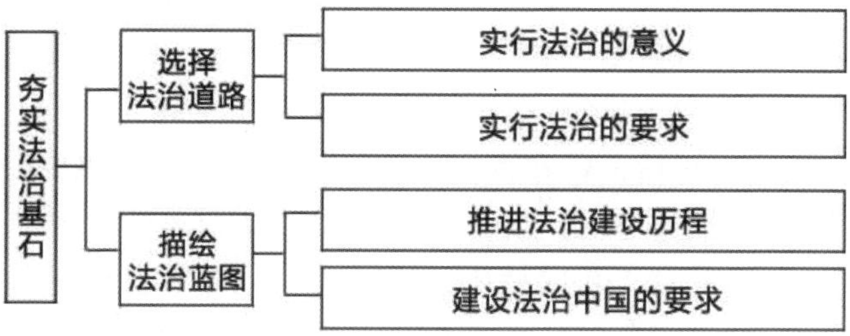

【探究过程】

一、新课导入

播放《少年的你》电影片段，介绍电影概要。

（一）互动探究

你认为电影中悲剧的发生与哪些因素有关？如何才能避免电影中悲剧的发生？

（二）归纳点拨

国家、家庭、社会、学校、个人。国家要加强法治建设；学校要加强日常管理工作，重视对学生的法治教育和道德教育，增强学生的法治观念和道德素质；家长要多关心自己的孩子，加强与孩子的沟通交流；学生要增强自我保护意识、学法尊法守法用法；等等。

（三）设计意图

用电影《少年的你》故事片段导入，可以迅速吸引学生的眼球，激发学生的探究兴趣，顺利引出校园欺凌的话题。

（四）教师过渡

校园欺凌现象不是危言耸听地出现在电影中，也会出现在我们的现实生活中，可能就发生在我们身边。2018 年宁波某学校就发生了严重的校园欺凌事件。如何有效预防校园欺凌？让我们一起进入今天的法治课堂。

二、新课教学

◇ 主题情境：对校园欺凌说“不”

＊ ＊ 情境一　善于明辨是非　认识校园欺凌 ＊ ＊

校园欺凌、校园暴力事件时有发生，被曝光的校园欺凌事件也越来越多，其手段令人发指，言语侮辱、殴打掌掴、拳打脚踢……从小学到大学，几乎每个阶段都在发生着，而每次校园暴力事件的曝光，都令人心寒。2018 年 11 月的一个深夜，宁波某学院学生董某、卢某、叶某、王某、韩某等人伙同校外人员陈某，经过策划，以同学小江（化名）人品不好等为由，在该校宿舍内对小江采用嘴里塞纸巾、用绑皮捆绑、脱衣拍视频发微信群、灌酒、强迫抽烟、剪头发、身上写侮辱性语言等方式进行凌辱，并对小江进行殴打。欺凌、殴打行为持续数个小时。

（一）互动探究

1. 说一说：你的身边有过类似的校园欺凌现象发生吗？举例说明。

2. 角色扮演：

（1）如果你被他人欺凌，你打算怎么做？

（2）如果你看到有同学被欺凌了，你打算怎么办？

（二）归纳点拨

1. 有。如以大欺小、敲诈等。

2.（1）告诉家长，可以让家长保护自己；告诉老师，让老师教育欺凌者；报警，让法律制裁欺凌者；等等。

(2)主动避开,以免引起对方的报复;报警,帮助需要帮助的人,寻求法律的保护;告诉老师,让学校处罚这些欺凌者;等等。

(三)设计意图

从校园欺凌这一社会热点问题入手,可以引发学生的很多共鸣。通过问题设计层层递进,让学生在认识什么是校园欺凌、如何正确对待校园欺凌等问题中,培养自我保护意识、提升法治素养。

(四)教师过渡

校园欺凌侵犯了他人的生命健康权,给他人带来很大的伤害,我们要对校园欺凌说"不",既不要去欺凌他人,又不要成为被欺凌者。我国也会选择正确的道路来预防校园欺凌。

* * 情境二 选择正确道路 预防校园欺凌 * *

承办该案件的检察官介绍:"这等惨无人性的欺凌行为对小江产生了严重的心理影响。原来活泼的她,现在长时间不敢去上学,不敢和同学接触,不敢参加社团活动,出门一定要戴上口罩。小江说,她走在路上,总会感觉有人在背后议论她。"

(一)互动探究

1.自主思考:为了避免校园欺凌对学生造成伤害,除了学生、家长和学校的努力之外,我国应该选择走怎样的道路?为什么?

2.小组讨论:怎样发挥法治在预防校园欺凌上的作用?

(二)归纳点拨

1.法治道路。因为法治能够为人们提供良好的生活秩序,让人们能够建立起一个基本、稳定、持续的生活预期,保障人们在社会各个领域依法享有广泛的权利和自由,使人们安全、有尊严地生活。法治是现代政治文明的核心,是发展市场经济、实现强国富民的基本保障,是解决社会矛盾、维护社会稳定、实现社会正义的有效方式。走法治道路是实现中华民族伟大复兴的必然选择。

2.法治要求实行良法之治。良法应当反映最广大人民群众的意志和利益,反映社会的发展规律,符合公平正义的要求,维护公民的基本权利,促进人与社会的共同发展,最大限度地维护社会秩序、增进人民福祉。法治还要求实行善治。有法律制度不等于就有法治，法治还要求实行善治。法治建立在民主政治的基础上，通过赋予公民更多参与公共活动的机会和权利，实现公共利益的最大化。

（三）设计意图

通过案例中校园欺凌对该学生造成的伤害，使同学们意识到校园欺凌的危害巨大，提醒学生既不要去做欺凌者，又不要成为被欺凌者或旁观者，通过探究让学生懂得预防校园欺凌需要走法治道路，实行良法之治和善治。

（四）教师过渡

我国选择法治道路，依法治理校园欺凌现象。案例中欺凌者的结局会是怎样的呢？让我们一起来看看法律是如何处罚这些校园欺凌者的。

* * 情境三 描绘法治蓝图 严惩校园欺凌 * *

本案检察官说，涉案学生都是在酒后滋事，只因一点未经证实的臆想，就对被害人进行殴打、凌辱，并将视频上传微信群进行扩散，完全没有意识到这些行为已经触犯了法律。五名女大学生校园欺凌被判刑，其中被告人陈某被判处有期徒刑五年，董某、卢某、叶某被判处有期徒刑一年零九个月，韩某被判处有期徒刑一年零五个月，王某因情节显著轻微，被判处有期徒刑一年，缓刑两年。

（一）互动探究

1. 自主探究：材料是如何体现建设法治中国的要求？

2. 深入思考：对校园欺凌案件的处理对我国建设法治中国有什么重要的启示？

3. 畅谈感悟：你想对校园欺凌者说些什么？

（二）归纳点拨

1. “涉案学生都是在酒后滋事，只因一点未经证实的臆想，就对被害人进行殴打、凌辱，并将视频上传微信群进行扩散，完全没有意识到这些行为已经触犯了法律”，这体现了建设法治中国需要全民守法。“五名女大学生校园欺凌被判刑，其中被告人陈某被判处有期徒刑五年，董某、卢某、叶某被判处有期徒刑一年零九个月，韩某被判处有期徒刑一年零五个月，王某因情节显著轻微，被判处有期徒刑一年，缓刑两年”体现了建设法治中国需要公正司法。

2.建设法治中国，要努力使每一项立法都得到人民群众的普遍拥护，使每一部法律法规都得到严格执行，使每一个司法案件都体现公平正义，使每一位公民都成为法治的忠实崇尚者、自觉遵守者和坚定捍卫者(科学立法、严格执法、公正司法、全民守法)。坚定不移地走中国特色社会主义法治道路，必须坚持党的领导、人民当家做主、依法治国的有机统一。

3.尊法学法守法用法，尊重他人权利等。

(三)设计意图

通过法院对校园欺凌者的处罚，让学生掌握依法治国的要求，并通过这一处理结果，使学生感受法律的权威，教育学生要做一个尊法学法守法用法的人。

(四)教师过渡

校园欺凌现象的治理离不开法治，也需要全体社会成员的共同努力，为青少年健康成长保驾护航。青少年也要增强自我保护意识，提高自我保护能力，懂法尊守学法守法用法，为建设法治国家贡献自己的一分力量。

三、课堂小结

“国无常强，无常弱。奉法者强则国强，奉法者弱则国弱。”让我们行动起来，尊法学法守法用法，让法治成为全社会的共同信仰和行为准则。

四、教学拓展

请同学们以小组为单位设计一份关于校园欺凌的调查问卷，问卷设计主要围绕以下三个方面展开：学校同学中有没有遇到校园欺凌现象，学校在预防校园欺凌方面还存在哪些问题，我想对学校预防校园欺凌工作提哪些建议。课后将各小组的问卷进行完善，对我校在校学生进行问卷调查,并在教师的指导下对有效问卷进行分析总结。

本节课围绕“对校园欺凌说‘不’”这一主题情境,设计了“善于明辨是非认识校园欺凌”“选择正确道路预防校园欺凌”“描绘法治蓝图严惩校园欺凌”三个小情境,将活动设计序列化、学习内容结构化。从校园欺凌问题入手,围绕校园欺凌、校园欺凌的危害、如何预防校园欺凌三大问题,逐步深入,使学生在探究中理解和掌握法治的重要性和建设法治中国的要求。本课具有以下三个特点:

1.情境创设真实,重视体验教学。在情境中,教师通过角色互换(如果你是被欺凌者,你怎么办;如果你看到他人被欺凌了,你会怎么办),让学生获得不一样的情感体验。习近平总书记曾说,“触动心灵的教育才是最成功的教育。”让真实的情境走进课堂,可以使学生的情绪受到感染、情感产生共鸣,达到更好的教育效果。

2.教学活动多元,重视能力提升。本节课的活动设计包括角色扮演、小组讨论、畅所欲言等,通过活动引导学生自主学习、合作学习和探究学习,在活动中获取知识、生成知识、探究问题,使学生真正成为学习的主人。既让学生有效地掌握了课内知识,增强了学习能力,又提升了法治素养。

3.教学拓展延伸,重视知识迁移。“用教材教,而不是教教材”,本节课设计的教学延伸是对课堂所学知识的一个综合考查,能让学生将课堂所学知识运用到现实生活中,提升学生分析、解决社会现实问题的能力,从而达到知识迁移的目的。

课时二　凝聚法治共识

【课标要求】

本课所依据的课程标准相应部分是“我与国家和社会”中的“法律与秩序”。对应的具体内容：“了解建立健全监督和制约机制是法律有效实施和司法公正的保障，增强公民意识，学会行使自己享有的知情权、参与权、表达权、监督权。”

【教材解析】

凝聚法治共识，建设法治中国，法治国家、法治政府、法治社会要一体建设。建设法治国家由第一框“法治政府”落实，法治政府和法治社会由第二框“厉行法治”落实。本框为第一框引导学生感知身边的政府，了解我国政府的职责及政府运行的法治原则，帮助学生理解厉行法治是对全体社会成员的共同要求，全体公民尊法守法，政府及其工作人员率先垂范，才能共同营造良好的法治文化环境。

【学情解析】

经过八年级的学习，学生已经初步了解个人成长和参与社会生活必备的基本法律常识，初步具备运用法律知识辨别是非、依法维护自身合法权益、参与社会生活的能力。法治作为社会主义核心价值观的重要内容，学生对其缺乏系统认识。

【教学目标】

1. 树立法治意识，自觉尊法学法守法用法，践行法治精神。

2. 初步行使自己的知情权、参与权、表达权、监督权，形成参与社会公共事务的意识和能力。

3. 了解政府的作用、权力来源和宗旨，掌握依法行政的核心和要求，明确厉行法治的要求及法治与德治的关系等知识。

【重点难点】

教学重点：政府依法行政。

教学难点：厉行法治的要求。

【知识体系】

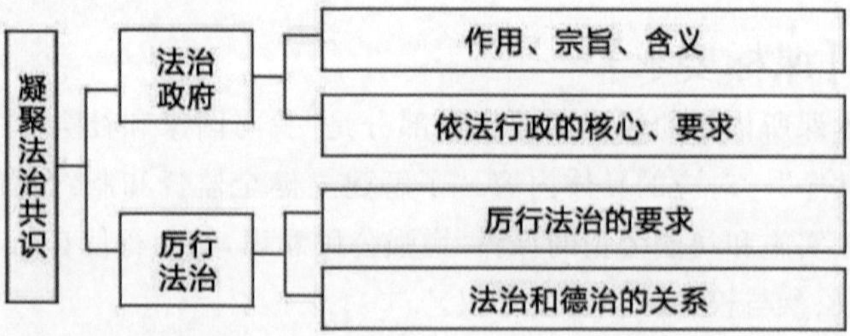

【探究过程】

一、新课导入

2019 年 3 月 5 日上午 9 时，国务院总理李克强在做《政府工作报告》时指出，“三大攻坚战开局良好，精准脱贫有力推进，农村贫困人口减少 1386 万，易地扶贫搬迁 280 万人。人民生活持续改善，棚户区住房改造 620 多万套，农村危房改造 190 万户。城乡居民生活水平又有新提高。”

(一)互动探究

我国脱贫攻坚取得阶段性成果得益于什么？

(二)归纳点拨

政府的大力支持、党的正确领导、贫困区老百姓的艰苦奋斗等。

(三)设计意图

通过 2019 年《政府工作报告》中的内容，让学生了解我国脱贫攻坚取得的阶段性成果，引出本框的主题情境——脱贫攻坚，让学生思考脱贫攻坚取得成果的原因，初步认识政府在脱贫攻坚中发挥的重要作用。

(四)教师过渡

2020年是全面小康社会如期建成、我们党第一个百年奋斗目标成功实现之年。全面建成小康社会,一个也不能少。我们国家将怎样打赢脱贫攻坚战,政府为老百姓都做了哪些实事,让我们一起来探究吧!

二、新课教学

◆ 主题情境:坚决打赢脱贫攻坚战

＊ ＊ 情境一 脱贫攻坚 造福全体人民 ＊ ＊

2019年4月15日至17日,习近平总书记在重庆考察,主持召开解决"两不愁、三保障"突出问题座谈会并发表重要讲话。他强调,"脱贫攻坚战进入决胜的关键阶段,各地区各部门务必高度重视,统一思想,抓好落实,一鼓作气,顽强作战,越战越勇,着力解决"两不愁、三保障"突出问题,扎实做好今明两年脱贫攻坚工作,为如期全面打赢脱贫攻坚战、如期全面建成小康社会做出新的更大贡献。"

(一)互动探究

1. 独立思考:政府在着力解决"两不愁、三保障"突出问题的过程中,发挥着怎样的作用?

2. 小组讨论:我国政府为什么要着力解决"两不愁、三保障"突出问题?

3. 头脑风暴:列举当地政府在帮助贫困人口上有哪些具体措施?你对帮助本地区贫困人口的问题有哪些好的建议?

(二)归纳点拨

1. 一方面,人们的社会生活需要政府管理;另一方面,人们又享受着政府提供的公共服务。

2. 在我国,政府的权力来源于人民。政府的宗旨是为人民服务。政府工作要对人民负责,受人民监督,为人民谋福利。

3. 措施:如最低生活保障金的发放、为贫困家庭的子女提供免费午餐等。建议:如加强对教育的支持和帮助,让贫困家庭意识到教育的重要性,确保子女能够按时接受教育。

(三)设计意图

通过“两不愁、三保障”让同学们感受到政府在脱贫攻坚战中发挥着重要作用。通过追问政府为什么要解决“两不愁、三保障”这一突出问题,让学生掌握政府与人民的关系。通过让学生举例的方式,培养他们的公共参与意识。

(四)教师过渡

为了实现脱贫攻坚,我国政府全心全意为人民服务,为老百姓做了很多实实在在的事情,获得老百姓的一致好评。可是,在脱贫攻坚的过程中,一些政府官员也出现了违法乱纪的现象。

* * 情境二 严惩腐败 扫清扶贫障碍 * *

2019 年 8 月中旬,新疆维吾尔自治区纪委监委公开曝光 7 起扶贫领域腐败和作风问题案例。这 7 起典型案例,有的毫无纪法意识,明目张胆地利用扶贫项目收受贿赂,不收敛不收手,顶风违纪;有的费尽心思通过虚列项目、编造虚假材料等手段骗取套取各类扶贫专项资金;有的形式主义、官僚主义严重,失职失责,不作为、乱作为。这些问题严重损害贫困群众利益,直接影响脱贫攻坚成效,背离以人民为中心的基本要求,必须坚决惩治。

(一)互动探究

1. 想一想:你心中的“法治政府”是怎样的?

2. 集思广益:我国政府在精准扶贫的过程中是如何有效避免此类现象发生的?

3. 知识拓展:你还知道哪些可以监督政府行为的渠道?

4. 小组讨论:政府为了落实自身的责任,更好地为人民服务,采取了很多有效实施。请你举例说明,政府的这些做法有利于维护公民的哪些权利?

(二)归纳点拨

1. 法治政府就是按照法治原则运作的政府,政府的各项权力都应该在法治轨道上运行。

2. (1)依法行政是现代法治政府行使权力普遍奉行的基本原则,

要求政府及其工作人员在行使权力、管理公共事务时必须由宪法和法律授权，并且依据宪法和法律的规定正确行使权力。依法行政的核心是规范政府的行政权。

(2)我国政府依法行政，全面推进政务公开，保障公民的知情权、参与权、表达权和监督权，促进政府决策科学化和民主化。

(3)建设法治政府，必须依法行政，防范行政权力的滥用，维护广大人民群众的合法权益，提高政府公信力，从而推进民主法治建设进程。

3. 人民代表大会及其常委会的监督；人民政协的监督；新闻舆论和社会公众的监督；群众通过法定渠道的监督；司法机关的监督；政府系统内部的监督；等等。

4. 如政府信息公开，民情说吧等。知情权、参与权、表达权和监督权。

(三)设计意图

通过对新疆维吾尔自治区脱贫攻坚工作中出现问题的分析，让学生认识到建设法治政府的必要性和具体要求，也通过探究使学生认识到脱贫攻坚是一项艰巨的工程，不是一帆风顺的，但是国家脱贫攻坚的决定和信心是不容置疑的。启示学生要关注社会发展，积极参与公共生活，增强公民意识和责任意识。

(四)教师过渡

对于政府工作人员出现的违法乱纪现象，我国法律严惩不贷。我国通过多种渠道加强对政府行为的监督，确保政府依法行政。全面依法治国必须坚持厉行法治，脱贫攻坚离不开厉行法治。那么，怎样做到厉行法治呢？

* * 情境三 厉行法治 保障扶贫实效 * *

材料一：我国已制定60余部经济方面的法律和一大批相关行政法规、地方性法规。从完善的法律制度上“提取”可依赖、可实现的脱贫路径，进而促使精准扶贫工作的制度性、高度性和可持续性。各级党组织和全体党员要带头尊法学法守法用法，任何组织和个人都不得有超越宪法法律的特权，决不允许以言代法、以权压法、逐利违法、徇私枉法。加大全民普法力度，建设社会主义法治国家，树立宪法至上、法律面前人人平等的法治理念。

材料二：《中共中央关于全面推进依法治国若干重大问题的决定》中指出：加强公民道德建设，弘扬中华优秀传统文化，增强法治的道德底蕴，强化规则意识，倡导契约精神，弘扬公序良俗。发挥法治在解决道德领域突出问题中的作用，引导人们自觉履行法定义务、社会责任、家庭责任。

（一）互动探究

1. 合作探究：上述材料体现了厉行法治的哪些要求？除了这些要求之外，还要做到哪几点？

2. 深入分析：为什么全面推进依法治国需要道德和法律共同发挥作用？

（二）归纳点拨

1. 全面依法治国必须坚持厉行法治，推进科学立法、严格执法、公正司法、全民守法。厉行法治是对全体社会成员的共同要求。全体社会成员必须在宪法和法律规定的范围内行使权利，履行义务。

现代社会的公民，要学会在法治状态下生活，增强尊法学法守法用法意识，培养法治精神，培养正确的权利义务观念、契约精神、规则意识。

国家和社会治理需要法律和道德共同发挥作用，法律与道德相辅相成，法治与德治相得益彰。

各级党和政府及其工作人员要带头尊法学法守法用法，提高运用法治思维和法治方式深化改革、推动发展、化解矛盾、维护稳定应对风险的能力。

厉行法治，需要加强法制宣传，弘扬法治精神，共同营造良好的法治文化环境，在全社会鲜明地树立起“遵纪守法光荣、违法乱纪可耻”的法治文化导向，实现社会的有序、公平、正义。

2. 国家和社会治理需要法律和道德共同发挥作用，既要重视发挥法律的规范作用，又要重视道德的教化作用。以法治体现道德理念，强化法律对道德建设的促进作用;以道德滋养法治精神,强化道德对法治文化的支撑作用。法律与道德相辅相成,法治、德治相得益彰。

(三)设计意图

上面两则材料从不同角度体现了厉行法治的要求,再通过追问为什么需要法律和道德共同发挥作用,让学生学会分析材料提取观点,以提升学生正确解读信息、综合运用学科知识的能力和学科思维能力。

(四)教师过渡

法治既是崇高的社会理想,又是伟大的社会实践和长期的系统工程,不可能一蹴而就。建设法治中国,任重道远。让我们为实现法治理想而努力奋斗!

三、课堂小结

"法律的权威源自人民的内心拥护和真诚信仰。人民权益要靠法律保障,法律权威要靠人民维护。"通过本课的学习,我们了解了政府的作用、权力来源和宗旨、依法行政和建设法治政府的要求;知道厉行法治对公民、政府、社会各自的要求,理解国家和社会的治理离不开道德与法律。在学习生活中,我们要善于加强道德修养,增强法治意识,做法治社会合格的公民。

四、教学拓展

建设法治中国是实现中华民族伟大复兴的一个重要标志,它展现着国家与社会的合理互动、多元参与。请同学们以小组为单位,课后围绕"法治建设"这一主题设计一份宣传海报,在校园宣传栏进行展示。

(一)设计意图

校园法治文化建设是学校文化建设的一部分,让学生将所学所想所悟在海报中展示出来,从同龄人的角度宣传法律知识,更容易得到学生的认可,也可以提供展示学生才华的平台,还可以增强学生的综合能力。

(二)专家点评

本课选用"坚决打赢脱贫攻坚战"作为主题情境,并根据教学需要创设了“脱贫攻坚　造福全体人民”“严惩腐败　扫清扶贫障碍”“厉行法治　保障扶贫实效”三个小情境，讲述我国脱贫攻坚的故事。将法治政府建设与脱贫攻坚相结合，引导学生正确认识法治中国建设中存在的问题，让学生在分析问题、解决问题的过程中增强公共参与能力、理性精神和法治意识。本课具有以下三个特点：

1.围绕主题情境，实现学科知识的整合结构化。各环节之间具有一定的联系、一定的层次，有利于循序渐进地引导学生进行思考。三个小情境都分别结合本节课的重难点知识，让学生在情境探究中整合知识、运用知识。

2.设计梯度问题，引导学生自主、合作、探究学习。如在情境一中设计了三个设问：政府在着力解决“两不愁、三保障”突出问题的过程中，发挥着怎样的作用？我国政府为什么要着力解决“两不愁、三保障”突出问题？你对帮助本地区贫困人口的问题有哪些好的建议？层层递进，搭建平台，实现深度学习。

3.注重教学预设，做到预设和生成相统一。学生作为学习的主体，对知识的学习并不是消极被动的，而是具有积极性、主动性和创造性的。本节课既重视预设，又关注生成，师生一起探索知识的意义、进行知识的迁移、尝试知识的运用，在师生互动、生生互动中促进知识的生成。

（第四课参与编写者：居海燕，吴江区运河实验初中）

第三单元　文明与家园

第五课　守望精神家园

课时一　延续文化血脉

【课标要求】

本课所依据的课程标准相应部分有“我与国家和社会”中的“积极适应社会的发展”“认识国情，爱我中华”。对应的具体内容：“感受个人成长与民族文化和国家命运之间的联系，提高文化认同感、民族自豪感，以及构建社会主义和谐社会的责任意识。”“学习和了解中华文化传统，增强与世界文明交流、对话的意识。”

【教材分析】

本框下设两目，主要阐述了中国特色社会主义是中华文化的血脉延续，中华传统美德是中华文化的精髓，我们要坚定文化自信。第一目分析了中华文化的来源和特征，揭示了中国特色社会主义文化是中华文化的血脉延续。重点落在从中华文化的价值角度理解坚定文化自信的重要性以及如何坚定文化自信。第二目侧重从代代传承的中华美德角度，阐释中华传统美德的丰富内涵和重要价值，重点落在中华传统美德是中华文化的精髓，蕴含着丰富的道德资源，是建设富强民主文明和谐美丽的社会主义现代化强国的精神力量。

【学情分析】

随着年龄的增长和学科知识的积累，九年级学生对中华文化有了一定的认知，但是随着经济全球化与信息技术的发展，历史的和现实的、本土的和外来的、先进的和腐朽的各种各样的文化相互激荡。在这一大环境下，九年级的学生受其心理发展水平、认知能力及辨别是非能力的限制，在一定程度上会淡漠对中华优秀传统文化价值的认识，从而忽视对中华优秀文化的继承与发展。

【教学目标】

1.感受中华文化的力量，增强对中华文化的认同感和归属感；培养热爱中华文化和中华传统美德的情感；增强对民族文化的自尊心、自信心和自豪感。

2.通过学习，能够描述中华文化和中华传统美德的特点及力量；训练观察、思考、分析、综合能力；坚定文化自信，传承和发展中国特色社会主义文化；弘扬和践行中华传统美德。

3.知道中华文化的形成、特点、组成和意义；知道弘扬中华传统美德的内容及重要性。

【重点难点】

教学重点：弘扬中华文化，践行中华传统美德。

教学难点：坚定文化自信，传承和发展中国特色社会主义文化。

【知识体系】

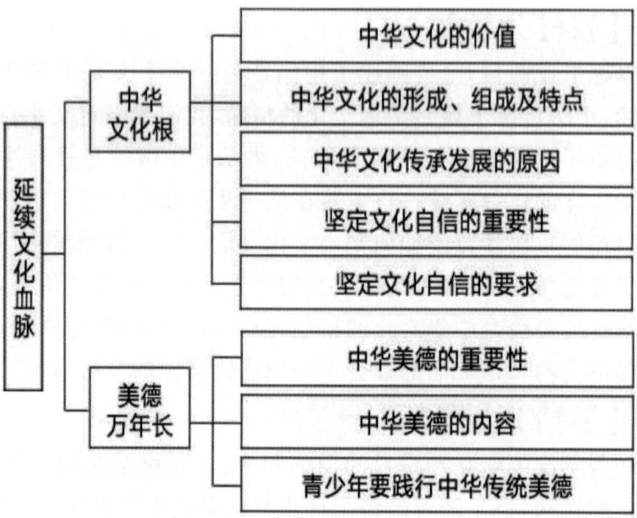

【探究过程】

一、新课导入

◇ 主题情境：我爱读书，我爱生活

＊　＊　**情境一　书香中国走进上海书展**　＊　＊

2019 年 8 月 4 日，2019 上海书展暨“书香中国”上海周拉开帷幕，来自 500 多家出版社的超过 16 万种精品图书汇聚、1270 多场阅读活动密集举行、500 余种新书首发。步入位于二楼的序馆，就可以看到 2019 年书展主题——“壮丽 70 年　奋斗新时代”。序馆主体造型主要有三大元素，即中华人民共和国 70 周年、书本、风帆。巨大的风帆象征着“我们都在努力奔跑，我们都是追梦人”。造型包含 2019 上海书展暨“书香中国”上海周名称、会标、主题(我爱读书，我爱生活)等，重点陈列《习近平谈治国理政》等重要著作，不少读者在序馆打卡拍照。

(一)互动探究

聊一聊：有没有同学去过在每年八月举办的上海书展？大家相约去书展，最爱读哪些方面的书呢？从中我们能感受到中华文化的哪些特点，它是由什么组成的？

(二)归纳点拨

中华文化的组成及特点：

1. 形式组成：独具特色的语言文字，浩如烟海的文化典籍，名扬世界的科技工艺，异彩纷呈的文学艺术，等等。

2. 内容组成：中华优秀传统文化、革命文化、社会主义先进文化。

3. 特点：源远流长、博大精深。

(三)设计意图

用“书香中国，走进上海书展”导入，交代本课的情境主题，引入情境的开端，走进上海书展，用书展的主题及序馆的主体造型等信息，引出中华文化的形成、特点、组成。

(四)教师过渡

上海书展的规模非常大,为了使大家能更加高效、便捷地逛书展,接下来我们分小组为找到自己的精神坐标设计逛书展的路线。

二、新课教学

* * 情境二 设计路线寻找精神坐标 * *

印发上海书展各个展厅的信息。

文化渗透在生活中,是一个民族独特的精神标识。为了让大家更加深入地了解中华文化,我们分小组,按照自己的理解和喜好,设计一条逛书展的线路,使我们能够学习和感受中华优秀传统文化、革命文化和社会主义先进文化。

(一)互动探究

1. 做一做:请你说明设计思路并向同学们介绍你设计的逛展方案所蕴含的精神内涵和时代价值。

2. 想一想:这三种文化之间存在着怎样的精神联系?

3. 找一找:请你说说中华文化为什么能够不断铸就辉煌?

(二)归纳点拨

1. 设计思路可按照中华文化发展的路径,从中华优秀传统文化→革命文化→社会主义先进文化。

在五千多年文明发展中孕育的中华优秀传统文化,在党和人民伟大斗争中孕育的革命文化和社会主义先进文化,积淀着中华民族最深层的精神追求,代表着中华民族独特的精神标识,为中华民族的伟大复兴提供精神动力。

2. 中华优秀传统文化记载了中华民族自古以来在建设家园的奋斗中开展的精神活动、进行的理性思维、创造的文化成果,反映了中华民族的精神追求,是中华民族生生不息、发展壮大的精神滋养。

当代中国是历史中国的延续和发展,当代中国思想文化也是中华优秀传统文化的传承和升华。源自中华民族五千多年文明历史所孕育的中华优秀传统文化,熔铸于党领导人民在革命、建设、改革中创造的革命文化和社会主义先进文化,植根于中国特色社会主义伟大实践，是中华优秀传统文化的创造性转化、创新性发展，是在新的历史条件下对中华优秀传统文化的传承和发扬。

3.中华文化具有应对挑战、与时俱进的创造力和海纳百川、有容乃大的包容力。坚持以马克思主义为指导，推动中华优秀传统文化创造性转化、创新性发展，继承革命文化，发展社会主义先进文化，不忘本来、吸收外来、面向未来，不断铸就中华文化新辉煌。

（三）设计意图

通过上海书展各馆的展出信息，让学生设计自己的逛展方案，引出中华文化的价值。中华优秀传统文化是中华文化的“根”，寻求属于中华儿女的精神坐标。

（四）教师过渡

上海书展是一个国际性的书展，我们从这里可以看到很多国外的优秀书籍，同时我们也从这里走向世界，讲述中国自己的故事。

＊　＊　情境三　国际出版彰显中国成果　＊　＊

中国国际出版集团在展区核心地带特设“庆祝中华人民共和国70周年暨对外出版70年成果展”图书专区。参展图书有7000种、4万余册，近30个文种，内容涵盖对外宣传中国主题、当代中国、中国传统文化、文学作品、儿童绘本、历史画册、对外汉语教学等类别。

（一）互动探究

议一议：你如何看待中华文化越来越多地走向世界这一现象？

（二）归纳点拨

文化是一个国家、一个民族的灵魂。文化自信是对自身文化价值的充分肯定，是对自身文化生命力的坚定信念，是一个国家、一个民族发展中更基本、更深沉、更持久的力量。

没有高度的文化自信，没有文化的繁荣兴盛，就没有中华民族的伟大复兴。

坚定文化自信，事关国运兴衰、文化安全和民族精神的传承发展。

（三）设计意图

通过中国国际出版集团图书专区所展示的对外出版70年成果，

探究中华文化越来越多地走向世界的现象，引出坚定文化自信的重要性。

（四）教师过渡

通过书展和书籍，我们能够寻找自己的精神坐标，我们能够讲述自己的中国故事，我们能够在字里行间、在对文字的品读中感受中华文化。

＊　＊　情境四　传统文化承续中华美德　＊　＊

上海世纪出版集团在传统文化出版领域全力开拓，一批书写中国故事、传承中华美德的精品图书面世。如《古诗词中的中华美德》一书由诗词大会顾问方笑一等编著，力图从古诗词中找寻与现代人心灵相通之处。

（一）互动探究

1. 读一读：大家从这些古诗词中，读出了我们现代人应该具备的哪些中华传统美德？

2. 忆一忆：请大家回忆曾经学习过的古诗词，并说说你从中体会到的中华传统美德的特点。

3. 做一做：诵以修身，习以养德。古诗词中的中华美德，一定会在这个新时代焕发出新光彩，使当代中国人深受启迪。请说说你是如何习以养德，让中华美德走进生活？

（二）归纳点拨

1. 有忧国忧民、道济天下的爱国情怀，有勤劳勇敢、自强不息的奋进品格，有自尊互敬、助人为乐的和乐风范，有诚信守法、见利思义的高尚情操，有孝敬父母、尊敬师长的伦理规范，有律己宽人、扬善抑恶的处世准则，等等。

2. 中华传统美德是中华文化的精髓，蕴含着丰富的道德资源，熔铸了中华民族坚定的民族志向、高尚的民族品格和远大的民族理想，是代代相传、世世发展的民族智慧，是建设富强民主文明和谐美丽的社会主义现代化强国的精神力量。

中华传统美德内涵丰富，博大精深。中华传统美德已经融入中华民族的思维方式、价值观念、行为方式和风俗习惯，成为一种道德文化的遗传基因，也是五千多年中华文明的精华所在。

3.推进社会公德、职业道德、家庭美德、个人品德建设，青少年责无旁贷。倡导向上向善、孝老爱亲、忠于祖国、忠于人民，青少年必须身体力行。

（三）设计意图

通过中华古诗词的鉴赏，以中华传统文化引出中华传统美德的内容和重要性，以及如何践行中华传统美德。

三、课堂小结

中华文化是“根”，源远流长，博大精深。

传承中华优秀传统文化，不忘革命文化，发展社会主义先进文化。

文化自信是“神”，继往开来，事关国运。

夯实中华优秀传统文化根基，与时俱进、创新发展，跨越时空、交流互鉴。

中华美德是“形”，内涵丰富，宁静致远。

践行中华传统美德，我们青少年责无旁贷、身体力行。

四、教学拓展

我爱读书，我爱生活。请同学们逛一次书展，挑一本好书。结合本课所学知识，写一篇以“延续文化血脉”为主题的读书笔记。

本课教学教师将课堂交给学生，充分发挥学生的主体性作用，激发了学生的积极性。通过主题情境的创设很好地落实了教学目标，帮助学生树立了正确的情感态度价值观，坚定了文化自信。在教学过程中，通过不断创设有意义的问题情境和教学活动，让学生在情境感受中形成素养，在情境分析中内化素养，在情境升华中提升素养。本课具有以下三个特点：

1.内容有拓展、有延伸。教师对于教材内容进行了重组，拓展和延伸了教学内容。内容既源于教材，又不拘泥于教材，对于拓展学生知识视野、提升其综合运用能力、分析解决社会现实问题具有很好的效果。

2.情境有承载、有参与。本课教学在主题情境的框架下创设的四个小情境具有较强的生活性和鲜明的时代性。在教学中,利用书展这一贴近学生生活实际的形式创设情境,让学生走进书展、设计书展观赏路线、感受上海书展中的文化,让上海书展这一主题情境贯穿于教学活动始终,具有很强的参与性和系统性。

3.探究有获取、有提升。教学中引导学生自主学习、合作学习和探究学习,在不断探究问题的活动中获取知识、生成知识,使学生真正成为学习的主人,既有效地掌握了知识、增强了能力,又提升了素养。

课时二　凝聚价值追求

【课标要求】

本课所依据的课程标准相应部分有“我与国家和社会”中的“积极适应社会的发展”“认识国情，爱我中华”。对应的具体内容：“感受个人成长与民族文化和国家命运之间的联系，提高文化认同感、民族自豪感，以及构建社会主义和谐社会的责任意识。”“学习和了解中华文化传统，增强与世界文明交流、对话的意识。”

【教材分析】

本框分为两目，主要从民族精神的意义与价值出发，让学生理解中华民族精神的内涵与品格，进而自觉传承和弘扬民族精神。第一目首先阐述民族精神的内涵与品格以及民族精神的力量。第二目侧重讲述社会主义核心价值观是对中华优秀传统文化的传承和升华，是当代中国精神的集中体现。

【学情分析】

初中生正处于世界观、人生观、价值观形成的关键时期，打牢学生的中华文化底色，使其传承中华美德，弘扬民族精神，自觉培育和践行社会主义核心价值观，对学生的健康成长具有重要意义。

【教学目标】

1. 体验中华民族精神对于中华民族生存与发展的作用；认识到民族精神凝聚各族人民的巨大精神力量；感受到社会主义核心价值观凝结着全体人民共同的价值追求。

2. 能够用实际行动弘扬和传承中华民族精神；能够在日常生活中培育和践行社会主义核心价值观。

3. 知道中华民族精神的内涵、品格及重要性；知道社会主义核心价值观的基本内涵；了解构筑中国价值的意义。

【重点难点】

教学重点：中华民族精神的重要意义；社会主义核心价值观的内涵。

教学难点：传承和弘扬民族精神；培育和践行社会主义核心价值观。

【知识体系】

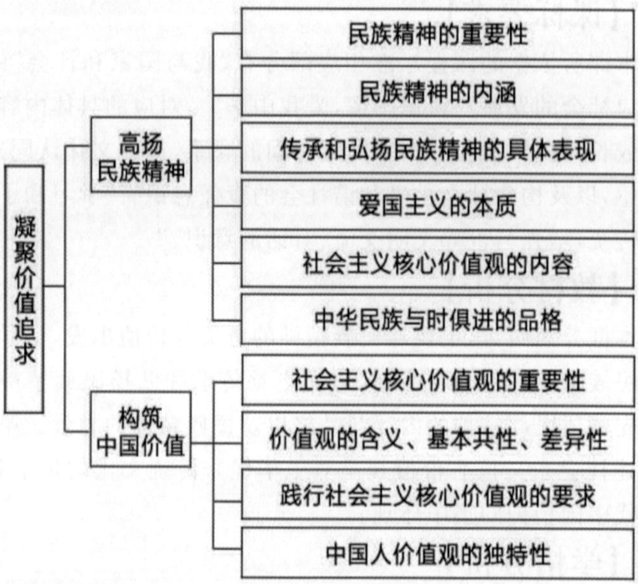

【探究过程】

一、新课导入

◇ 主题情境：我爱读书，我爱生活

2019 上海书展除了有 500 多家出版方的展厅进行优秀图书的展示外，还有 1270 多场阅读活动密集举行。2019 上海书展将同一类别图书的阅读活动进行优选后设计整合成一个系列，在书展举办的 7 天里每天举办一场，推出了 10 个“七”系列阅读活动。

教师过渡：我们先一起去参加“名家七天谈新作”的阅读活动。

二、新课教学

＊　＊　＊　情境一　可爱的共和国人　＊　＊　＊

2019上海书展“七”系列之“名家七天谈新作”——何建明《可爱的共和国人》。魏巍写作于抗美援朝时期的报告文学《谁是最可爱的人》深入人心，那一个个投身于保家卫国事业的鲜活形象，那一个个最可爱的人，至今想起时还让我们热泪盈眶。2019年8月16日上午9点半，中国作协副主席、鲁迅文学奖得主何建明为我们带来了一场激情洋溢的讲座“这个世界还有最可爱的人吗？”

共和国最可爱的人，可能与我们素不相识，却值得我们感谢与敬仰。共和国最可爱的人，奋斗在浩瀚大海之滨。林鸣先生是港珠澳大桥的总工程师，他带领团队，顶住巨大压力，冲破重重封锁，发扬自力更生、艰苦奋斗的精神，为祖国的桥梁事业奉献了青春与汗水。他们是新时代的战士，是最可爱的人。

共和国最可爱的人，奋斗在崇山峻岭之间。“感动中国”人物黄大发为了让村里人吃上白米饭，在贫瘠的土地上凿出“天渠”，改造了当地艰苦的自然环境，切实提高了人民的生活水平。

（一）互动探究

1. 说一说：请说说林鸣、黄大发的“可爱”之处，他们对你有怎样的思想触动？

2. 议一议：在几十年后的今天，民族精神有没有过时？会不会过时？

（二）点拨归纳

1. 中华民族精神的内涵及品格、发展。

（1）内涵：中华民族精神是以爱国主义为核心的团结统一、爱好和平、勤劳勇敢、自强不息的伟大民族精神。

（2）品格：中华民族精神具有与时俱进的品格。它在不同的历史时期有着不同的表现，并随着时代进步不断丰富和发展。

（3）新时代的发展：中国人民是具有伟大创造精神的人民，是具有伟大奋斗精神的人民，是具有伟大团结精神的人民，是具有伟大梦想的人民。

2.传承和弘扬民族精神的重要性。

(1)民族精神是民族的"魂魄"。一个民族要生存和发展,就要有昂扬向上的民族精神。一个民族如果没有振奋的民族精神,没有坚定的民族志向和理想,就会失去凝聚力和生命力,就难以屹立于世界民族之林。

(2)伟大的民族精神始终是中华民族生生不息、发展壮大的强大精神支柱,是维系我国各族人民世世代代团结奋斗的牢固精神纽带,是激励中华儿女为实现中国梦而奋斗的不竭精神动力。

还有数不清的普通劳动者,没有他们的付出,共和国这座万丈高楼就没有基石。生活在今天这样一个伟大的时代,最美好的和最可爱的事物天天在发生,并且就在我们的身旁。心有光明,所见即非黑暗。心有家国,所行即是光明。

3.找一找:与同学们讨论,比较抗美援朝中最可爱的人与现在数不清的最可爱的劳动者,找出他们的相同处和不同处。

传承和弘扬民族精神主要表现在哪些方面?

(1)表现在国家危难、民族危亡的紧要关头,能够挺身而出、舍生忘死、前仆后继。

(2)表现在他人生命、财产遇到危险的关键时刻,能够见义勇为、扶危济困、无私奉献。

(3)表现在日常学习工作中的勤勤恳恳、任劳任怨、敬业创优。

(三)设计意图

通过2019上海书展"七"系列之"名家七天谈新作"的阅读活动,关注共和国最可爱的人,引出中华民族精神的内涵、特点、重要性、传承和弘扬民族精神的具体表现。

(四)教师过渡

接下来,让我们一起聆听"致敬七楷模"的讲读会。

* * * 情境二　致敬最美中国人 * * *

2019上海书展"七"系列之"致敬七楷模"讲读会。一个国家不能没有自己的英雄,一个时代当有自己的楷模。我们所处的新时代,涌现了许多值得我们铭记的时代楷模。他们,不忘初心、牢记使命;他们,爱国、敬业、诚信、友善;他们,在危急时刻,用英雄壮举谱写人间大爱;他们,被誉为“最美教师”“最美司机”“最美卫士”“最美法官”等。但他们共同的称谓——最美中国人。

(一)互动探究

1. 说一说:请说说我国的社会主义核心价值观。“致敬七楷模”讲读会活动的开展是如何体现社会主义核心价值观的?

2. 想一想:你会如何推广与“致敬七楷模”类似的活动,说出活动推广的意义。(认识社会主义核心价值观)

3. 做一做:听完这样的讲读会,我们青少年应该如何向时代楷模致敬?

(二)点拨归纳

1. 富强、民主、文明、和谐是国家层面的价值目标。

自由、平等、公正、法治是社会层面的价值取向。

爱国、敬业、诚信、友善是公民个人层面的价值准则。

2. 中国独特的文化传统、独特的历史命运、独特的基本国情,注定我们必然坚守植根于中华文化沃土又具有当代中国特色的价值观。社会主义核心价值观不仅是中国人民在共同生活中形成的价值共识,还吸收了世界文明的有益成果,是当代中国精神的集中体现。我国宪法规定,国家倡导社会主义核心价值观。社会主义核心价值观是当代中国人评判是非曲直的价值标准。

社会主义核心价值观凝结着全体人民共同的价值追求,既是坚持和发展中国特色社会主义的价值导向,又是实现中华民族伟大复兴的价值引领。社会主义核心价值观促进人的全面发展,引领社会全面进步。

3. 培育和践行社会主义核心价值观,要与日常生活紧密联系起来,做到落细、落小、落实。青少年要自觉做到勤于学习、敏于思考,注重修养、勇于实践,明辨是非、善于选择,认真做事、踏实做人。

（三）设计意图

通过2019上海书展“七”系列之“致敬七楷模”讲读会活动，与最美中国人产生共鸣，引出社会主义核心价值观的内涵，践行社会主义核心价值观的重要性，如何践行社会主义核心价值观。

三、课堂小结

民族精神是“魂魄”，高扬民族精神，爱国爱党爱社会主义。

创造、奋斗、团结、梦想。

社会主义核心价值观是“核心”，构筑中国价值，中国少年当争先。

落细、落小、落实。

四、教学拓展

我爱读书，我爱生活。请同学们阅读何建明的新作《可爱的共和国人》，结合本课所学知识，写一篇以“凝聚价值追求”为主题的读书笔记。

对于初中学生而言，中华民族精神和社会主义核心价值观等内容都较为抽象，在理解上存在一定的距离和难度。教师在教学时，巧妙地采用主题情境探究教学，将抽象的理论形象化，复杂的知识简单化，收到了较好的效果。本课具有以下三个特点：

1. 多元串联，手段灵活。在教学过程中教师能够灵活运用多种教学方法和手段，联系当前时事热点，根据学生的生活和学习实际，从问题出发，任务驱动。充分发挥教师的主导作用，引导学生在积极的活动中开展思考和讨论，最终得出结论，方便学生更好地理解教材。

2. 主题情境，一以贯之。本框教学在上一框“我爱读书，我爱生活”主题情境的基础上继续延伸和拓展，一以贯之。在“可爱的共和国人”这一小情境中，通过林鸣、黄大发的故事，让学生理解民族精神的内涵品格和重要性，并对比普通的劳动者，让学生知道民族精神表现形式的多样性。在“致敬最美中国人”这一小情境中，通过致敬七楷模，让学生理解核心价值观，探讨生活中如何践行社会主义核心价值观。最后，让学生写一篇以“凝聚价值追求”为主题的读书笔记，将理论落到实处，在实践中检验。

3. 条理清晰，效果明显。由于采用主题情境探究教学，课堂教学思路清晰，环环相扣，很好地达成了教学目标。尤其是最后对于情感的升华部分顺理成章地落实到践行社会主义核心价值观的层面，具有很强的实效性。

（第五课参与编写者：严丁华，吴江区江陵实验初中）

第六课　建设美丽中国

课时一　正视发展挑战

【课标要求】

本课所依据的课程标准相应部分是“我与国家和社会”中的“认识国情，爱我中华”。对应的具体内容：“知道我国的人口、资源、环境等状况，了解计划生育、保护环境、合理利用资源的政策，形成可持续发展意识。”

【教材分析】

本框分为两目，主要阐述了我国的人口问题和资源环境问题，从正视问题挑战走向发展理念的调整，从解决当下问题走向发展道路的选择。第一目通过对人口数量、人口素质、人口结构等问题的讲述，引导学生认识到人口问题已经成为一个日益严峻的全球性问题及我国坚持和调整计划生育政策的必要性。第二目讲述了我国所面临的资源环境危机，重点落在坚持绿色发展，走生产发展、生活富裕、生态良好的文明发展道路，是我们的必然选择。

【学情分析】

九年级的学生对人口、资源、环境等方面的内容并不陌生，对生态文明建设也有所了解，基于生活经验能够做出正确的价值判断和行为选择，自身也能积极主动践行绿色生活理念和生活方式。他们正处于生态文明价值观形成的关键期，且对人口、资源和环境等方面的认知水平和行为选择能力，需要正确引领并促使其转化为建设美丽中国的积极力量。

【教学目标】

1. 认清当前我国的人口、资源、环境的客观现状和基本国情；认同计划生育、节约资源、保护环境的基本国策。

2. 明确坚持绿色发展，走生产发展、生活富裕、生态良好的文明发展道路的必要性。

3. 培养珍惜资源、保护环境、关爱自然的意识和品质，积极宣传和践行计划生育、节约资源和保护环境的基本国策。

【重点难点】

教学重点：我国人口政策与经济社会发展的关系。

教学难点：面对人口、资源和环境问题，我国必须转变发展方式，走文明发展道路。

【知识体系】

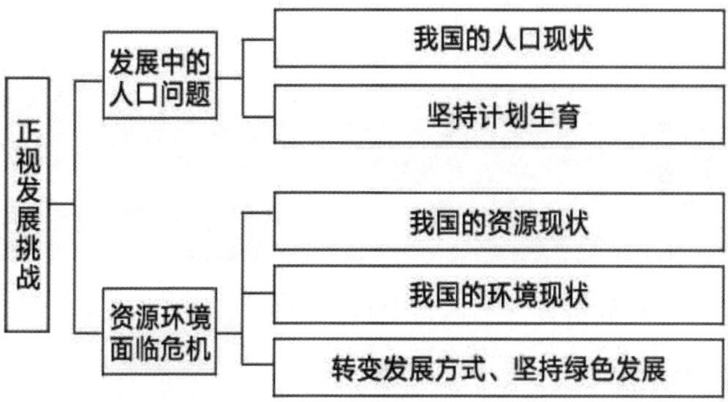

【探究过程】

一、新课导入

（一）展示材料

敕勒川，阴山下。天似穹庐，笼盖四野。天苍苍，野茫茫。风吹草低见牛羊。

（二）互动探究

这如诗如画的场面后来为何会遭到破坏，为何会绿洲变成了沙漠？

（三）归纳点拨

这首北朝民歌，歌咏了北国草原的富饶、壮丽——天空是蔚蓝的颜色，草原无边无际，一片茫茫。草原上，牛羊成群，充满生机与活力。向我们展示了一幅古人与自然和谐共处的唯美画卷。遗憾的是，因为人类不合理的开发和利用，造成了水土流失，生态环境遭到破坏。

（四）设计意图

以学生熟悉的诗歌作为导入素材，有利于对知识的迁移，能够激发学生学习的兴趣，自然地过渡到本节课要学习的内容。

（五）教师过渡

如何处理经济发展与人口资源环境的关系呢？我们以毛乌素沙漠为例，共同学习“正视发展挑战”。

二、新课教学

◇ 主题情境：毛乌素沙漠的前世今生

* * * 情境一 毛乌素沙漠的形成 * * *

毛乌素沙漠位于陕西省榆林地区和内蒙古鄂尔多斯市之间。毛乌素沙漠的绝大部分地方，在古代曾经水草丰美。5 世纪时毛乌素南部（今靖边县北的白城子）曾是匈奴的政治和经济中心。当时草滩广大，河水澄清。但是随着人口的增加、农业的发展、放牧等原因，沙漠化的问题愈来愈严重。到了宋代,毛乌素的沙漠化向东南拓展,明末到清初其推进速度就更快了。人口的猛增对保护整个自然环境是一个极大的不利因素,到处都在大量开垦荒地、毁林开荒,造成对环境的严重破坏,终于形成了茫茫大漠。

(一)互动探究

1.议一议:人口问题是形成毛乌素沙漠的一个重要因素。进入21世纪,我们还需要关注人口问题吗?为什么?

2.查一查:我国人口现状的特点有哪些?

3.想一想:为什么国家要实行计划生育的基本国策?

4.辩一辩:有同学认为,“全面二孩”政策的实施,意味着我国将不再坚持计划生育的基本国策。请你联系教材知识加以说明。

(二)归纳点拨

1.需要。人口问题已成为一个日益严峻的全球性问题,成为人类社会面临的重大挑战之一,人口问题加重了资源和环境的压力,也带来了严重的社会问题,人口问题始终是我国面临的全局性、长期性、战略性问题。

2.基本特点:人口基数大,人口素质低。新的特点:总人口增速趋缓,总和生育率明显低于更替水平,出生人口男女性别比偏高,老龄化加剧,大量的人口流动等。

3.国家推行计划生育,使人口的增长同经济和社会发展计划相适应,有效地缓解了人口对资源、环境的压力,有力地促进了经济发展和社会进步。

4.这种看法是不正确的。生育政策要随着人口和经济社会发展形势的变化不断完善。我国实施“全面二孩”政策,就是为了更好地适应经济发展的需要,促进家庭幸福和社会和谐,使人口长期均衡发展。

(三)设计意图

以毛乌素沙漠的形成为背景材料,引出我国的人口问题。通过相关问题的设置,引导学生分析我国的人口问题现状及解决对策,增强学生的公民意识和责任意识,加深对我国计划生育政策调整必要性的理解。

(四)教师过渡

人口过多,对资源、环境的压力加大。人类不合理的开发和利用资源,造成了严重的资源和环境问题。

* * * 情境二 毛乌素沙漠的昨天 * * *

毛乌素沙漠是由于人们不合理的开垦种植、气候变迁和战乱,导致地面植被丧失,就地起沙而形成的“人造沙漠”。冬春两季,沙尘暴频频发生,天地之间总是尘土蒙蒙,扬起的沙尘甚至飘到远方,搅得四邻不安。这里的人们一出生便要忍受沙灾。遮天蔽日的沙尘暴,冲击着房屋和人群。一旦出门,就要用铁锹击碎堵住大门的黄沙。耕地被吞没了,植物都死亡了,不少人背井离乡。

(一)互动探究

1.查一查:请同学们查阅相关资料,了解我国森林、草场等自然资源的现状,并归纳出我国的资源现状。

2.说一说:不合理开发和利用资源带来了严重的环境问题。请同学们列举出你所知道的环境问题,并说出环境问题带来的危害。

(二)归纳点拨

1.我国自然资源丰富,总量大,种类多,但人均资源占有量少,开发难度大,总体上资源紧缺。长期以来,我国资源开发利用不尽合理、不够科学,依靠消耗大量资源换取经济发展的现象突出,由此造成的浪费、损失、污染和破坏等都很严重。

2.大气污染、水污染、土壤污染等。环境恶化加剧自然灾害的发生，严重破坏了生态平衡，威胁着人类的生命安全和身体健康。

（三）设计意图

通过材料展示毛乌素沙漠对人类生存的危害，让学生直观感受到我国资源环境形势不容乐观，资源环境问题与我们的生活息息相关，为下文转换发展方式做好铺垫。

（四）教师过渡

我国的人口、资源、环境问题非常突出，严重制约了经济社会的发展，我国必须要转变发展方式，实现经济与人口、资源、环境的协调发展。

* * * 情境三　毛乌素沙漠的今天 * * *

如今的毛乌素沙漠，面积在不断缩小。饱受风沙侵害的陕北榆林市，如今已建设成为“塞上绿洲”。静静的榆溪河流过繁华的市区，两岸杨柳葱郁；浩渺的红碱淖碧波荡漾，湖畔鸥鸟飞翔。截至 2020 年 4 月，榆林沙化土地治理率达 93.4%。

（一）互动探究

1. 比一比：通过对比毛乌素沙漠的昨天和今天，请同学们谈谈保护环境的重要性。

2. 议一议：榆林市从沙漠围绕变成“塞上绿洲”，毛乌素沙漠华丽转身，为当地带来了巨大的环保效益和经济效益，这对我国的经济社会发展有何重大启示？

（二）归纳点拨

1.生态环境没有替代品，用之不觉，失之难存。人类关爱和保护环境就是走向重生，漠视和破坏环境就是走向自我毁灭。

2.发展中出现的问题，只有通过转变发展方式才能得到解决。坚持绿色发展，走生产发展、生活富裕、生态良好的文明发展道路，是我们的必然选择。

（三）设计意图

通过对比毛乌素沙漠的昨天和今天，使学生认识到我国的人口问题、资源问题和环境问题本质上是发展问题，要解决人口、资源和环境问题，我们的态度和选择就是转变发展方式。

（四）教师过渡

面对人口、资源、环境等问题，每一个中华儿女都有责任和义务让天更蓝、地更绿、水更清，共同建设我们美丽的中国。

三、课堂小结

人口资源和环境，
美丽中国少不了。
人口现状要记牢，
生育国策有变化。
资源环境形势不乐观，
资源环境国策来帮忙。
转变发展方式，
金山银山指日可待。

四、教学拓展

苏州同里古镇号称“东方威尼斯”，是著名的旅游景点，但在发展旅游业的同时也存在一些问题。如商业开发过度，河道垃圾屡禁不止，节假日人流量过大等。请同学们以小组为单位制作一份手抄报，内容主要包括以下几个方面：河道污染对同里古镇声誉造成的影响，如何保护同里古镇的水资源；如何实现同里旅游的可持续发展；作为同里的小主人，你能为同里旅游业的发展做些什么？

（一）设计意图

以手抄报的形式，有利于促使学生将课堂所学的知识和家乡的发展相结合，形成可持续发展意识，增强学生的主人翁意识和责任感。

（二）专家点评

本框教学围绕“毛乌素沙漠的前世今生”这一主题情境，设计了“毛乌素沙漠的形成”“毛乌素沙漠的昨天”“毛乌素沙漠的今天”三个小情境，以毛乌素沙漠为主线，将课本知识有效进行串联。从毛乌素沙漠的形成引出人口问题，由人口过多、人类不合理的开发、利用自然资源引出我国的资源和环境问题。通过毛乌素沙漠昨天和今天的对比，引导学生认识到要实现中华民族伟大复兴，实现可持续发展，必须要转变发展方式，这也为下一节课教学做好铺垫。本课具有以下三个特点：

1. 教学目标定位清晰。人口、资源和环境问题制约着我国经济社会的发展。本框教学始终围绕这三大问题开展课堂教学，教学思路清晰，知识结构简洁，一目了然。

2. 情境材料对应准确。材料的选用关系到情境的创设，本节课以毛乌素沙漠的形成、昨天和今天为小情境，分别对应人口、资源和环境问题，有利于问题的创设和解决，有利于知识点的有序呈现。

3. 课程理念充分凸显。本节课立足于“学生的发展”，注重引导学生分析问题和解决问题，注重学生的思维训练和核心素养的培养，教学过程环环紧扣，衔接自然。师生之间、生生之间互动频繁，“自主、合作、探究”的氛围浓厚，学生课堂的参与度较高。

课时二　共筑生命家园

【课标要求】

本课所依据的课程标准相应部分一是课程目标中“情感·态度·价值观”和“能力”。对应的具体内容:“体会生态环境与人类生存的关系,爱护环境,形成勤俭节约、珍惜资源的意识。”“掌握爱护环境的基本方法,形成爱护环境的能力。”本课所依据的课程标准相应部分二是“我与国家和社会”中的“法律与秩序”。对应的具体内容:“知道我国环境保护的基本法律,增强环境保护意识,自觉履行保护环境的义务。”

【教材分析】

本框主要阐述“怎么办”的问题,回应了我国所面临的人口问题与资源环境挑战。从理念上说要处理好人与自然的关系,从行动上说要走绿色发展道路,从愿景上说要建设生命家园。第一目通过对人与自然以及国际社会为保护环境所做努力的讲述,指出人与自然和谐共生是人类社会的普遍共识,建设生态文明也是人类的共识和时代的选择。第二目引导学生认识到“绿水青山就是金山银山”的生态发展理念,指出了建设生态文明的方法与行动,通过绿色发展,共筑生命家园。

【学情分析】

青少年是祖国的未来和民族的希望,其整体素质决定着国家未来的发展方向。当前,因为家庭教育、学校教育和社会宣传等方面存在缺失或者不力的地方,个别青少年在日常生活、研学履行、参观访问等活动中,还存在着浪费资源、破坏环境等生态意识淡薄的行为。

加大对青少年资源环境国情教育和生态意识的培养，有利于引导青少年持续关注生态文明建设，促进人与自然和谐共生，也有利于促进青少年的全面发展和核心素养的培育。

【教学目标】

1.知道绿色发展道路是破解发展困境的最佳选择，领悟人与自然和谐共处的真谛。

2.理解经济发展和生态环境保护之间的关系；坚持节能、环保、低碳、文明的绿色生产生活方式，用实际行动践行绿色生活理念。

3.明确生态文明建设的重要性和紧迫性，增强生态文明建设的使命感和责任感；树立人与自然和谐共生的基本理念。

【重点难点】

教学重点：正确认识人与自然的关系。

教学难点：绿水青山就是金山银山；坚持绿色发展道路。

【知识体系】

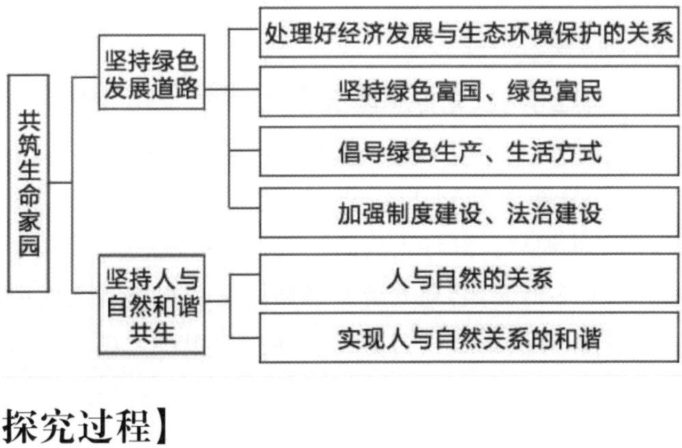

【探究过程】

一、新课导入

（一）展示材料

2005年8月15日，时任浙江省委书记的习近平同志在湖州安吉县余村考察时，在得知余村关停矿山、靠发展生态旅游让农民借景致富的情况后，有感而发："你们下决心关停矿山就是高明之举，我们过去讲既要绿水青山，又要金山银山，其实，绿水青山就是金山银山！"十几年来，"两山"理念刻进了每个人的心里。余村人在创造自己美好新生活的同时，也为推进生态文明建设提供了具有当代意义的鲜活经验。

（二）互动探究

什么是"两山"精神？

（三）归纳点拨

我们既要绿水青山，又要金山银山；绿水青山就是金山银山。

（四）设计意图

用鲜活的事例为背景材料，创设导入情境，能够集中学生的注意力，增强课堂教学的说服力，激发学生探究的欲望。

（五）教师过渡

满目疮痍、污染严重的余村是如何成为"两山"精神的发源地呢？今天这节课让我们一起走进余村，走进"共筑生命家园"。

二、新课教学

◇ 主题情境：余村：绿水青山就是金山银山

* 情境一 告别矿山——在转型阵痛中寻回绿水青山 *

20 世纪 80 年代至 21 世纪初，余村人靠山吃山，先后建起了石灰窑、办起了水泥厂。红红火火的"石头经济"，让余村集体经济收入一度达到 300 多万元，名列安吉县各村之首。村里有九成劳动力围着石头转，村民年人均收入过万元。在村民眼中，"矿山就是金山银山"。

然而，开山采矿带来的不仅有余村经济的"爆发"式增长，同时还带来了对生态环境的严重破坏。不再蓝的天、不再青的山、不再绿的水。村里的小溪全部被灰土覆盖，山体也被炸得残破不堪。"出趟门回来，眉毛、头发都是白的，全是粉尘。""在家不敢开窗，没处晾衣服。"连百年银杏也结不出果。一到雨天，村里的溪水就像酱油一样，牺牲绿水青山换来的金山银山，到底值不值？疑问一次次在村民的心头盘旋。2003 年，余村村委会郑重宣布：全面关停村里的矿企，对矿山进行复绿复垦。

（一）互动探究

1. 说一说：余村在发展过程中遇到了哪些环境问题？

2. 想一想：面对“矿山就是金山银山”和生态环境被破坏的问题，余村人做出了怎样的选择？

3. 议一议：请从人与自然关系的角度回答，人类为什么要追求与自然和谐共生？

（二）归纳点拨

1. 大气污染、水污染等。

2. 全面关停村里矿企，对矿山进行复绿复垦。

3. 追求人与自然和谐共生，是人类面对生态危机做出的智慧选择。自然为人类的生存与发展提供滋养和必要条件；人类作为自然的一部分，也有责任避免自然受到不必要的伤害，同时要为开发和利用自然做出必要的补偿和修复。人与自然相互依存，共生共荣，这是一种动态中的平衡、发展中的协调、进取中的有度、多元中的一致、“纷乱”中的有序。

（三）设计意图

以牺牲环境为代价的发展，破坏了生态环境，给余村人带来的伤害触目惊心，以此引导学生理解保护环境与我们的生活息息相关，从而让学生深思生态环境破坏之忧，增强学生建设生态文明的意识和决心。

（四）教师过渡

余村人饱受环境污染之苦，痛定思痛，决定合理利用资源、保护生态环境，转变经济发展方式，走绿色发展道路。

* 情境二　培养共识——让思想的光芒照耀绿水青山 *

为了增强村民的环保意识，余村创造性地开展了众多的主题日活动:1 月 25 日,生态之星表彰日;2 月 25 日,绿色治村商讨日……每个月 25 日,余村党支部都会以“生态”“绿色”“环境”等为主题,开展主题党员日活动。余村还通过修订《余村村规民约》,倡议村民进行垃圾分类,余村将回收后的餐厨垃圾降解成有机肥,免费返还给村民;电池等有害垃圾,回收后集中处理。不断提升环境保护力度,严禁使用草甘膦除草剂、圈养家禽家畜、禁燃烟花爆竹……全体村民自觉遵守,无一人破例。余村的生态环境得到了质的飞越,全体村民也成了受益者。

(一)互动探究

1. 讲一讲:余村创造性地开展了众多的主题日活动体现了怎样的发展理念?

2. 想一想:余村人的做法告诉我们,促进人与自然和谐共生应该坚持怎样的基本国策?

(二)归纳点拨

1. 坚持创新、协调、绿色、开放、共享的发展理念。

2. 坚持节约资源和保护环境的基本国策。

(三)设计意图

使学生了解党和政府为改善生态环境所出台的一系列举措及政策,让学生感受以人民为中心的发展思想,对国家政策产生信心,对美丽中国建设充满希望。

(四)教师过渡

余村人严格执行《余村村规民约》,生态环境得到了很好的修复,曾经的绿水青山又回来了,绿色发展道路也让村民富起来了。

* 情境三 拥抱旅游——让村民做主共享金山银山 *

2005 年,为了让绿水青山“变现”,余村把旅游写进发展规划。在党员的带领下,不少村民办起了漂流、民宿和农家乐等生态产业,靠着慢慢复原的绿水青山,余村坚持绿色发展的成果有了成效。

现在,绿色发展理念在余村已经深入人心,新思想、新气象蔚然成风。垃圾分类已经成为习惯,陈旧陋习不断革除。禁燃烟花爆竹,喜事,用鼓;丧事,用锣。“过去上坟,要烧纸钱,放炮仗,山上乌烟瘴气的,如今用鲜花代替”……

(一)互动探究

1.比一比:阅读教材“探究与分享”(P84)。请你比较,余村走过的两条不同的致富道路有何不同?对我们有何启示?

2.想一想:余村坚持走绿色发展道路,村集体收入和村民人均收入不断提高,这对我们坚持绿色发展道路有何启示?

3.说一说:绿色发展理念给我们的生活带来了哪些变化?在日常生活中,你是如何践行低碳生活理念的?

(二)归纳点拨

1.第一条道路是以毁山毁林、牺牲环境、浪费资源为代价,换取经济的一时发展。第二条是绿色发展道路。坚持走绿色发展道路,要处理好经济发展与生态环境保护的关系。

2.坚持绿色富国,让人民群众切实感受到经济发展带来的环境效益。坚持绿色惠民,将良好生态环境作为最普惠的民生福祉,激发人民群众的绿色创造热情,实现绿色富国之梦。

3.略。

(三)设计意图

通过余村绿色致富这一事件,向学生诠释绿水青山就是金山银山的理念,使学生认识到我们可以处理好经济发展与环境保护的关系,我们选择走绿色发展道路是正确的,作为公民我们应该树立绿色发展理念,自觉践行绿色生活方式。

(四)教师过渡

走绿色发展道路,建设资源节约型、环境友好型社会,实现经济繁荣、生态良好、人民幸福,这既是建设美丽中国的时代图景,又是实现中华民族伟大复兴的历史使命。

三、课堂小结

本节课我们可以按照“为什么→怎么做”的思路来理解所学的知识,要掌握两方面的内容:一是为什么要坚持人与自然和谐共生?怎样实现人与自然和谐共生?二是为什么坚持走绿色发展的道路?怎样坚持走绿色发展的道路?

四、教学拓展

以小组为单位制作有关“低碳生活”的主题黑板报,黑板报主要有以下内容:宣传低碳生活理念;说说自己家庭有哪些低碳行为;感受低碳行为给日常生活带来的变化;我们要从身边小事做起,践行绿色发展理念。

(一)设计意图

通过小组合作制作黑板报,帮助学生联系实际,从生活中的小事出发,归纳低碳生活方式及其影响。引导学生将人与自然和谐共生的理念内化为一种价值认同,从小事做起,传播生态文明正能量,积极投身于美丽社区、美丽城市、美丽中国的建设,勇担公民责任。

(二)专家点评

本节课以“两山”理论为背景,紧紧围绕“余村:绿水青山就是金山银山”的主题情境,在不断提出问题、分析问题和解决问题的过程中,完成课堂教学。本课具有以下三个特点:

1.例理有新意,注重教材内容的重组。根据教材内容,在主题情境的引领下,设计了三个小情境,分别是“告别矿山——在转型阵痛中寻回绿水青山”“培养共识——让思想的光芒照耀绿水青山”“拥抱旅游——让村民做主共享金山银山”,对教材内容进行了大胆的整合,既使用教材提供的素材,又补充了大量鲜活的素料,使课堂充满时代感和新鲜感。

2.问题有梯度,注重学生核心素养的培养。核心素养使立德树人的育人价值更加凸显,它是课程三维目标的整合。本节课通过多种形式的探究活动，精心设计问题，引导学生联系生活实际，强化环境保护意识；积极倡导简约适度、绿色低碳、文明健康的生活方式和消费模式，有利于促进学生全面发展和核心素养的培育。

3. 思维有深度，注重对学生辩证思维的训练。按照“为什么→怎么做”的逻辑结构，设计教学情境，选用浙江余村这一真实的案例，引导学生阅读材料，了解余村发展变迁的历程，比较余村两次致富道路的不同。

引导学生认识：以牺牲资源和环境为代价谋求经济的一时增长，最终会付出沉重的代价。我们应该走绿色发展道路，在人与自然和谐共生的基础上，转变发展理念，尊重自然，顺应自然，把绿水青山打造成新的经济增长点。

（第六课参与编写者：张晏华，吴江区同里中学）

第四单元　和谐与梦想

第七课　中华一家亲

课时一　促进民族团结

【课标要求】

本课所依据的课程标准相应部分有“我与国家和社会”中的“积极适应社会的发展”“认识国情，爱我中华”“法律与秩序”。对应的具体内容：“感受个人成长与民族文化和国家命运之间的联系，提高文化认同感、民族自豪感，以及构建社会主义和谐社会的责任意识。”“知道我国是一个统一的多民族国家，各民族人民平等互助、团结合作、艰苦创业、共同发展。”“懂得维护国家统一，维护各民族的团结，维护国家安全、荣誉和利益是每个公民的义务。”

【教材分析】

本框分为两目，主要阐述了我国的民族政策以及促进民族团结的重大意义，引导学生自觉履行维护民族团结的义务。第一目介绍了我国多民族的基本国情和我国的民族政策，重点落在加强和巩固民族团结，维护祖国统一，是中华民族的最高利益。第二目通过事实描述、原因分析，阐述民族地区经济、社会和文化建设取得重大成就、人民生活不断改善的事实，引导学生分析取得这些成就的原因，重点落在维护和促进民族团结，是每个公民的神圣职责和光荣义务。本框从我国多民族的国情以及民族地区经济、社会和文化发展的角度谈民族团结的重要意义，为下一课题讲述维护祖国统一打下基础。

【学情分析】

九年级学生处于世界观、人生观、价值观形成的关键时期。从知识层面看，通过之前的学习，学生已经掌握了较多有关我国国情的知识，有了较为扎实的知识基础。从个人能力看，学生具备了一定的合作探究、辩证分析能力，知道我国是一个统一的多民族国家，各民族有着不同的生活习惯和习俗。但总体来看，对国家的民族政策、处理民族关系的基本原则、民族区域自治制度等知识的掌握不够系统，对如何处理民族关系、树立怎样的社会责任感等问题认识不够。

【教学目标】

1. 增强自觉热爱各民族人民的情感，以自己的实际行动维护和促进民族团结，增强责任感和使命感。

2. 理解维护民族团结是每个公民的义务，切实增强自觉维护民族团结的意识。

3. 知道我国的民族分布特点，了解我国的新型民族关系和处理民族关系的原则、制度。

【重点难点】

教学重点：维护和促进民族团结。

教学难点：民族团结的意义。

【知识体系】

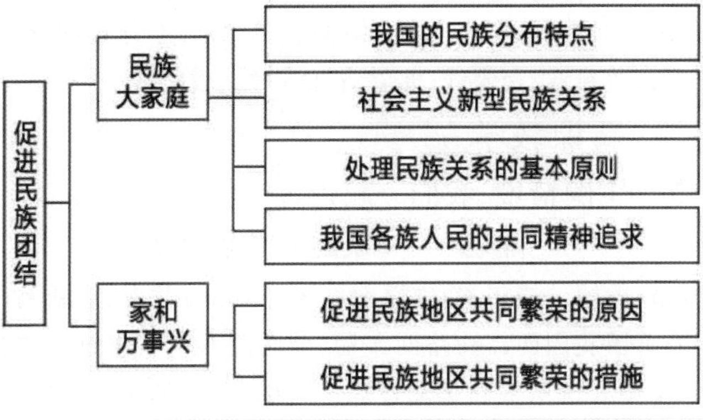

【探究过程】

一、新课导入

(一)播放歌曲《天路》

清晨我站在,青青的牧场……

那是一条,神奇的天路,把人间的温暖,送到边疆。

从此山不再高,路不再漫长,各族儿女欢聚一堂……

幸福的歌声,传遍四方……

(二)互动探究

1.猜一猜:你能说出歌中"神奇的天路"唱的是哪一条路吗?

2.说一说:各族儿女欢聚一堂,幸福的歌声传遍四方……歌曲唱出了怎样的情感?请大家说说这种情感源自哪里?

(三)归纳点拨

1.青藏铁路。

2.中华民族共同维护民族团结的情感。这种情感的形成有历史的原因(举例),也有现实的原因(举例)。

(四)设计意图

音乐能激活人的心绪,升华人的情感,在歌声中自然生成和感悟中华各民族之间血脉相连的民族情感,带着这样的情感与身边其他民族的同学互动,更有利于民族的团结。

(五)教师过渡

我国西北地区,作为少数民族重要的聚居地,这样的"神奇天路"何止一条,兰新线、南疆线、北疆线、陇海线、敦格线……

二、新课教学

◇ 主题情境:我们一起走过

* * * 情境一　串联彼此,连接你我 * * *

敦格(敦煌—格尔木)铁路全线通车,并与兰青、兰新、青藏铁路串联,完善了我国西部铁路网布局,彻底改变了新疆维吾尔自治区、西藏乃至中亚国家铁路运输迂回绕行的历史,缩短了乌鲁木齐至拉萨之间1000多千米的通行距离，为沿线民众出行带来极大的便利。

（一）互动探究

1. 聊一聊：请班级中少数民族同学为同学们介绍自己的民族。

2. 说一说：请这些同学再说说大家是通过什么交通工具来到咱们现在的新家。

3. 想一想：我国的民族分布呈现怎样的特点？（展示我国民族分布图）

（二）归纳点拨

1. 略。

2. 略。

3. 我国的民族分布特点：我国各民族的分布呈现大杂居、小聚居、相互交错的特点。

（三）设计意图

结合本校学生来源的实际，从学生的生活实际入手，通过与各民族同学的接触，进一步了解我国各民族的情况。

（四）教师过渡

北风卷地白草折，胡天八月即飞雪。"天路"的修筑往往会付出巨大的代价。

* * * 情境二　筚路蓝缕，不分你我 * * *

敦格铁路当金山隧道位于阿克塞县境内的无人区，地处山势陡峻区域，隧道岩体整体较为破碎，工程地质条件较差，施工中存在围岩大变形失稳、突涌水和高地应力区岩爆等问题，施工难度极大，安全风险极高。

纪录片《集中力量办大事》讲述了敦格铁路项目建设者倾尽2000多个日夜打通当金山隧道的故事。这部纪录片除了跟拍项目建设者之外，亦将镜头对准坚持为敦格铁路建设者们送了6年羊奶、提供后勤保障支援的努阿恒一家。当记者问努阿恒7岁的侄子巴合吐尔最想去哪里时，他毫不犹豫地说出"方特（主题乐园）"，比他年长

5岁的姐姐娜孜叶尔克听到后,也开心地笑了。

随后,华强方特文化科技集团联系到这个家庭,盛情邀请他们前往国家5A级旅游景区芜湖方特游玩,实现孩子的心愿。但令人感慨的是,勤劳的努阿恒在牧业一线难以脱身,最后只能由其妻子陪同其弟弟贾尔恒一家前来。

(一)互动探究

1. 议一议:敦格铁路的施工条件如此恶劣,我们却选择了倾尽全力、坚持到底。请大家依据材料讨论项目建设前进的动力在哪里?

2. 说一说:在努阿恒的坚持与勤奋中,表现出他哪些可贵的精神追求?

(二)归纳点拨

1. 我国处理民族关系的基本原则。

我国坚持民族平等、民族团结和各民族共同繁荣的基本原则。

2. 我国形成的社会主义新型民族关系。

我国形成了平等团结互助和谐的社会主义新型民族关系。

3. 我国各族人民的共同精神追求。

我国各族人民始终同呼吸、共命运、心连心,克服种种困难和艰险,顶住压力,直面挑战,追求共同发展、共同富裕、共同繁荣。

(三)设计意图

通过项目建设的艰辛,项目建设者的倾尽全力,民族兄弟的坚持与勤奋,在情感的体悟中,引出我国处理民族关系的基本原则、社会主义新型民族关系和我国各族人民的共同精神追求。

(四)教师过渡

敦格铁路的运行将为甘、青、新、藏四省区经济社会发展和沿线地区脱贫攻坚增添新引擎。

* * * 情境三 一轨贯穿,服务大家 * * *

悠久的历史文化积淀和特殊的地理位置,在敦格铁路沿途形成了星罗棋布的名胜古迹,其中仅国家级名胜就有14处。既有以敦煌莫高窟、安西榆林石窟、锁阳城、玉门关、汉长城、阳关、吾艾斯墓、西汉酒泉古迹等为代表的1125处历史文化遗址，又有以国家级地质公园雅丹地貌、透明梦柯冰川为代表的11处自然风光；既有独特的自然景观、悠久的历史文化，又有浓郁的少数民族风情和神秘的古老传说，是丝绸之路文化旅游的黄金地段。

同时，铁路沿线还分布有极其丰富的矿产资源。其中，北山地区和祁连山区已探明的5个成矿带，钨矿储量居全国第二，铬铁矿、石棉矿及口钒矿探明储量居全国第三，菱镁矿居全国第五位。而柴达木地区更是享有“聚宝盆”的美誉，已累计发现各类矿产86种，占全国的50％，其中锂矿、锶矿、芒硝、化肥用蛇纹岩、钾盐、镁盐、石棉7种矿产位居全国首位。

(一)互动探究

1. 论一论：为促进民族地区发展，党和政府采取了哪些措施？

2. 表一表：作为祖国大家庭的一名成员，我们该如何维护民族团结？

(二)归纳点拨

1. (1)党和国家在人力、物力、财力等方面大力支持民族地区的经济社会发展。进一步加大对欠发达民族地区的扶贫支持力度，推动西部大开发战略，实施兴边富民行动，通过输入技术、管理、人才等方式增强民族地区自我发展能力。

(2)国家支持民族地区发展教育，实施积极的就业政策，初步建立基本医疗保障制度。

(3)国家大力扶持少数民族文化的保护、继承、创新和发展工作，积极促进各民族之间的文化交流。

2. 维护和促进民族团结，是每个公民的神圣职责和光荣义务。“同心掬得满庭芳”，各族人民只有铸牢中华民族共同体意识，像石榴籽一样紧紧抱在一起，手足相亲、守望相助、齐心奋斗，伟大的祖国才能繁荣发展。

(三)设计意图

通过敦格铁路的地理位置,分析铁路沿线资源存在,认识我国促进民族地区共同繁荣的一些具体措施,提升公民维护和促进民族团结的自觉意识。

三、课堂小结

歌曲《民族团结之歌》。

民族团结之歌

五十六朵鲜花共栽一个盆,
五十六棵翠竹共连一条根。
五十六个民族团结一条心,
就能把祖国建设得繁花似锦。
五十六窑砖瓦筑成一栋房,
五十六车矿石炼成一炉钢。
五十六个民族团结一条心,
就能把祖国建设得繁荣富强。

四、教学拓展

熟悉我国现在的铁路网,并手绘我国目前"八纵八横"的高铁网。向家人或朋友收集一些火车票,并查明这些线路经过的少数民族地区。

本节课的教学设计与实施具有以下三个特点:

1. 歌曲渲染,首尾呼应。一曲《天路》唱出了各族儿女在我国现代化建设中共享成果,感受温暖,把幸福歌声传遍四方的民族情感。学生对于《天路》这首歌还是比较熟悉的,也都了解青藏铁路的一些故事。这对本课教学的开展做了很好的渲染与铺垫。在本课结束的时候,以一首《民族团结之歌》直抒胸臆,直指本课教学内容,很好地起到了课堂小结的作用。首尾呼应,相得益彰。

2. 主题情境,自始至终。青藏铁路是早几年比较热门的话题,在本课的教学设计中有翻新处理，选择了通车不久的敦格铁路，并借用了纪录片《我们一起走过》的片名作为本课时的主题情境名称。其中“走”一字，走出敦格铁路之交通路，走出大国崛起之发展路，走出民族团结之幸福路，与三个小情境“串联彼此，连接你我”“筚路蓝缕，不分你我”“一轨贯穿，服务大家”一一对应。

3. 情感体验，分享交流。从感悟“幸福的歌声”到我们国家与公民“心声”的表达，在情感的体验中，触碰学生最真实的心理。以互动探究的方式进行分享交流，落实核心素养，“同心掬得满庭芳”。

课时二　维护祖国统一

【课标要求】

本课所依据的课程标准相应部分有“我与国家和社会”中的“积极适应社会的发展”“法律与秩序”。对应的具体内容:“感受个人成长与民族文化和国家命运之间的联系,提高文化认同感、民族自豪感,以及构建社会主义和谐社会的责任意识。”“懂得维护国家统一,维护各民族的团结,维护国家安全、荣誉和利益是每个公民的义务。”

【教材分析】

实现中华民族伟大复兴是近代以来中华民族最伟大的梦想。进入新时代,我们要更加自觉地维护我国主权、安全、发展利益,坚决反对一切分裂祖国、破坏民族团结和社会和谐稳定的行为。保持香港、澳门长期繁荣稳定,实现祖国完全统一,是实现中华民族伟大复兴的必然要求。本框第一目阐述反对分裂的要求,重点落在维护国家统一,反对分裂,是爱国主义精神的具体体现,是每个公民义不容辞的责任。第二目分析“一国两制”的内涵和重要意义,引导学生理解“一国两制”实践在香港、澳门取得举世公认的成功,“和平统一、‘一国两制’”是解决台湾问题的基本方针,也是实现国家统一的最佳方式。

【学情分析】

九年级学生处于世界观、人生观、价值观形成的关键时期。从知识层面看,通过之前的学习,学生已经掌握了较多有关我国国情的知识,有了较为扎实的知识基础。许多学生虽然对香港、澳门、台湾并不陌生,但对“一国两制”的内涵以及香港、澳门回归祖国后的发展了解较少,对实现祖国完全统一的问题思考也较少。

【教学目标】

1. 增强爱国情感,懂得维护国家统一、反对分裂是每个中国公民义不容辞的责任。

2.通过搜集资料了解港澳成功实践，论证“一国两制”符合民族国家利益，为实现国家统一建言献策，自觉维护国家主权和领土完整。

3.知道反对分裂的基本要求，理解“一国两制”的基本内涵，明确实现祖国完全统一是全体中华儿女的共同愿望，是中华民族根本利益之所在。

【重点难点】

教学重点：反对分裂，维护国家统一；“一国两制”基本内涵与重要意义。

教学难点：如何解决台湾问题，实现祖国完全统一。

【知识体系】

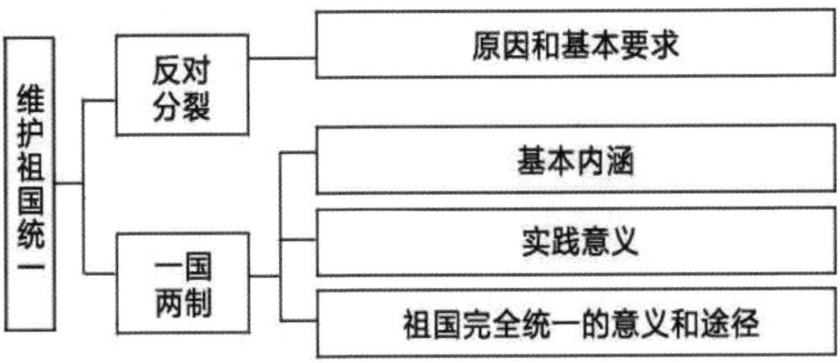

【探究过程】

一、新课导入

1997年7月1日香港主权交接仪式

(一)播放视频

1. 香港主权交接仪式。

2. 国务院港澳办和中央政府驻港联络办共同举办香港局势座谈会。

(二)互动探究

1. 有感而发:香港主权交接仪式使我们产生了怎样的感想?回归以后香港能繁荣发展的根本原因何在?

2. 深入分析:"港独"行为有何危害?

(三)归纳点拨

1. 骄傲、自豪,洗雪了百年耻辱。香港的繁荣发展根源在于国家统一,"一国两制"的正确实行。

2. "港独"行为危害国家主权和领土完整,破坏社会秩序和安定,损害人民利益;展现了我国政府和人民具有维护国家统一、反对分裂的坚定决心。

(四)设计意图

通过香港过去的繁荣与今天"港独"破坏活动的对比,引导学生认识国家统一是人民之福,国家分裂是国家之祸。

(五)教师过渡

香港回归以来获得了较大的发展,但是在香港动乱发生之后,香港的发展受到了很大的影响,让我们来看看下一组数据。

二、新课教学

◇ 主题情境:反对"港独""台独",维护国家统一

* * 情境一 港乱危害有多大 就用数据来说话 * *

香港特区政府和行业协会的数据显示,2019 年 8 月 15 至 20 日旅客人次同比下跌 49.6%;8 月不同地点的酒店入住率出现 30%、40%、50%的不等跌幅;8 月零售额同比跌幅约为 50%;8 月占比 98%的中小企业的营商信心指数跌至三年来最低水平;从 6 月中旬至 8 月中旬,股市累计下跌约 7.3%,市值蒸发近两万亿港元;2019 年度经济增长预测已经由此前的 2%~3%下调至 0%~1%……

(一)互动探究

1. 想一想:对比香港的过去与现在,我们为什么要维护国家统

一、反对分裂？

2. 谈一谈：面对“港独”分子，爱国人士的抗争对我们反对分裂有何启示？

（二）归纳点拨

1. 分裂会导致社会动荡、经济发展停滞不前，各族人民会遭殃。一切破坏民族团结、制造民族分裂的行为都将受到法律的制裁。维护国家统一、反对分裂，是爱国主义精神的具体体现，是每个公民义不容辞的责任。我们绝不容忍国家分裂的历史悲剧重演，一切分裂祖国的活动都必将遭到全体中国人的坚决反对。

2. 反对分裂，就要维护国家统一、国家主权和领土完整。反对分裂，就要反对一切形式的民族分裂活动，尤其要坚决反对借民族和宗教之名搞暴力恐怖活动。反对分裂，就要维护国家安全。

（三）设计意图

通过香港经济发展的具体数据认识分裂的危害，体会反对分裂、维护国家统一的必要性。面对分裂行为，大陆和香港人民积极采取行动，从他们身上我们可以认识到反对分裂的具体要求。

（四）教师过渡

“港独”行为的危害大家都有目共睹，爱国人士用行动来表达强烈的抗议和谴责。反对分裂是大家共同的呼声，因为香港自回归以来取得了巨大的发展，“一国两制”实践取得举世公认的成功。让我们一起来了解香港回归祖国以来的发展成就吧！

＊　情境二　“一国两制”显优势　助力香港大发展　＊

1997 年香港回归祖国以来的发展成就

年　份	本地生产总值/万亿港元	财政储备/亿港元	外汇储备/亿港元
1997 年	1.37	1575	928
2016 年	2.49	9083	8862

（一）互动探究

1. 各抒己见：有人认为香港回归 20 多年来取得的成就得益于“一国两制”，你同意这一观点吗？为什么？

2. 自主探究：什么是“一国两制”？

3. 辩一辩：香港的动乱是否证明“一国两制”已经落伍了？说说你的理由。

（二）归纳点拨

1. 同意。因为香港、澳门回归祖国以来，“一国两制”实践取得举世公认的成功。保持香港、澳门长期繁荣稳定，必须全面准确贯彻“一国两制”“港人治港”“澳人治澳”、高度自治的方针，严格依照宪法和基本法办事，完善与基本法实施相关的制度和机制。香港、澳门回归以来，与祖国内地优势互补、共同发展，共担民族复兴的历史责任，共享祖国繁荣富强的伟大荣光。

2. “一个国家，两种制度”，简称“一国两制”。“一国两制”是党领导人民实现祖国和平统一的一项重要制度，是中国特色社会主义的一个伟大创举。“一个国家”，指中国是统一的国家，主权和领土不容分割。“两种制度”指在坚持一个中国的前提下，国家的主体坚持社会主义制度，香港、澳门、台湾保持原有的资本主义制度和生活方式长期不变，实行高度自治。“一国”是实行“两制”的前提和基础，“两制”从属和派生于“一国”，并统一于“一国”之内。

3. 否。1997 年以后，香港在“一国两制”之下保持了繁荣稳定的发展，这证明了“一国两制”的正确性。而香港的动乱由反华势力背后操纵，妄图破坏“一国两制”，搞乱香港、搞垮中国。“港独”分子妄图摆脱“一国”，只想“两制”，这种背离“一国两制”的行为只能破坏香港民生和每个香港人的切身利益。这不但不能证明“一国两制”没有落伍，相反更加证明“一国两制”才是香港繁荣稳定的基石。

（三）设计意图

了解“一国两制”的内容和现实意义，通过实践检验这一政策的正确性。香港动乱众说纷纭，学生知识视野、国际视野、思辨能力不足，或者受到网络上一些观点的影响，会产生误区，通过辩论，直面误区，认清本质，从思想上正本清源，从而在实践中拥护“一国两制”。

（四）教师过渡

由于历史原因，我国尚未实现完全的统一。解决台湾问题、实现祖国完全统一，是全体中华儿女的共同愿望，可惜一些“港独”和“台独”势力却不断搞一些小动作，企图破坏祖国的统一大业。

＊　情境三　期待台湾早回归　共圆中华儿女梦　＊

播放视频《大陆青年怒怼“台独”分子》

新闻：黄智贤《夜问打权》被禁播

（一）互动探究

1.谈一谈：为什么要解决台湾问题，实现祖国完全统一？

2.想一想：分裂分子虽然猖獗，但反对分裂的力量却无比强大，十四亿中国人有强大的力量可以粉碎一切分裂图谋。我们力争和平统一，但决不承诺放弃使用武力。在当前，怎样解决台湾问题，实现祖国完全统一？

（二）归纳点拨

1.解决台湾问题、实现祖国完全统一，是全体中华儿女的共同愿望，是中华民族根本利益之所在。《中华人民共和国宪法》规定，台湾是中华人民共和国神圣领土的一部分。世界上只有一个中国，大陆和台湾同属一个中国。两岸同胞同根同源、同文同种，是命运与共的骨肉兄弟，是血浓于水的一家人。

2.“和平统一、‘一国两制’”是解决台湾问题的基本方针，也是实现国家统一的最佳方式。一个中国原则是两岸关系的政治基础，必须坚持“九二共识”、反对“台独”。“人不走不亲”，两岸同胞要多走动、多交流、多沟通，增进理解、信任，这有助于推动两岸关系和平发展，实现祖国的完全统一和中华民族的伟大复兴。

（三）设计意图

通过“港独”“台独”势力相互勾结现象以及与之相对的两岸人民反对分裂维护国家统一的共同心声，感受两岸和平发展，最终实现祖国统一是大势所趋。

三、课堂小结

播放歌曲《我的中国心》。

四、教学拓展

查找资料，深入了解妈祖文化。小组合作，以“妈祖文化与祖国统一”为主题制作一份手抄报，并在班级展示。

本节课的教学设计选择“港独”事件创设主题情境，采用问题驱动，引导小组讨论，激发学生思维，注重价值引领，在活动过程中，增强学生的爱国意识。设计中的三个小情境“港乱危害有多大　就用数据来说话”“‘一国两制’显优势　助力香港大发展”“期待台湾早回归　共圆中华儿女梦”与教学内容连接度高，使学生在真实的情境中探究问题、解决问题、提升素养。本课具有以下三个特点：

1.围绕重大热点问题，创设主题情境。本节课创设的主题情境“反对‘港独’‘台独’　维护国家统一”将教材中的重点难点知识“反对分裂”“一国两制”和“实现祖国完全统一”与时事热点有机结合，具有鲜明的时代性，有利于教师的价值引领和学生的政治认同。

2.遵循整体思维原则，注重内容衔接。整体性思维原则，强调从有限学习转向本质性学习，从部分学习转向综合性学习，使学习从知道到理解，再到应用、综合，更加有利于学生综合思维的提升和发展。本节课的教学设计充分挖掘主旨立意，教师通过对教学内容进行深度思考，提高了教学设计的整体性，重视不同知识板块之间的衔接、问题铺设的层次和交流反馈的达成。

3.开展多样教学活动，促进师生互动。本节课以活动为载体，联通教师和学生，师生在活动中有效互动，情感得以交流，观点得以碰撞,价值得以重建。如“有人认为香港回归20多年来的成就得益于‘一国两制’”“香港的动乱是否证明‘一国两制’已经落伍了”等活动环节的设计,引导学生用自己的智慧去深度思考,在辩论中形成对知识的真正认同。

(第七课参与编写者:左金喜,吴江区青云中学)

第八课 中国人 中国梦

课时一 我们的梦想

【课标要求】

本课所依据的课程标准相应部分是“我与国家和社会”中的“认识国情，爱我中华”。对应的具体内容：“了解全面建成小康社会的奋斗目标。知道促进城乡、区域协调发展是实现全面建成小康社会奋斗目标的一项重要要求。”“知道中国特色社会主义理论体系，了解我国现阶段基本经济制度和根本政治制度，知道我国各民族人民的共同理想。”

【教材分析】

作为九年级上册的最后一课，本课是本册书的落脚点，突出中国梦的主旋律。第一框“我们的梦想”，强调中国特色社会主义进入了新时代，实现中华民族伟大复兴是近代以来中华民族最伟大的梦想。为实现这一伟大梦想，国家提出了“两个一百年”奋斗目标。中华民族伟大复兴的中国梦终将在一代代青年的接力奋斗中变为现实。

【学情分析】

从知识上看，九年级的学生对我国的发展有了一定的认识，但这种认识是比较笼统的、不具体的，也就是知道国家有规划的发展，但具体是怎么规划的并不清楚。从情感上看，九年级学生思想情感不太稳定，比较容易受到社会上某些言论的影响，对国家的情感也是比较矛盾的。从生活经验来看，九年级学生生活在祖国发展较好的时代，对我们执着的追求中华民族伟大复兴缺乏直接体验。

【教学目标】

1. 加深对新时代的理解和认识，对新时代充满自豪感和激情，对实现中国梦充满希望和信心。

2. 热爱中国共产党，热爱社会主义制度。正确认识中国梦，增强投身新时代、实现中国梦的主动性和积极性。

3. 知道实现中国梦，就是要实现中华民族的伟大复兴，了解新时代我国现代化建设的奋斗目标和阶段。

【重点难点】

教学重点：实现中国梦，就是要实现中华民族的伟大复兴；认识新时代。

教学难点：对新时代的全面认识和理解。

【知识体系】

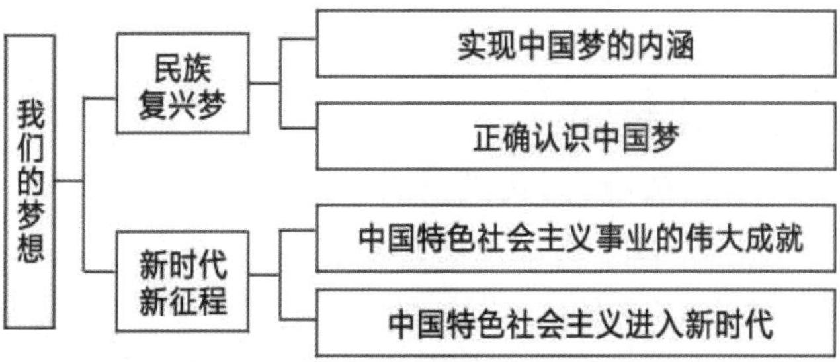

【探究过程】

一、新课导入

（一）播放电影

《2019·大阅兵》片段。壮阔七十载，奋进新时代。2019 年 10 月 1 日上午，庆祝中华人民共和国成立七十周年大会在北京天安门广场隆重举行，20 余万军民以盛大的阅兵仪式和群众游行欢庆共和国七十华诞。

(二)互动探究

说一说:为什么要在国庆节举行阅兵式?

(三)归纳点拨

阅兵式是展现武装力量建设成就,树立民族自信心和自豪感的重要形式。通过阅兵,可以让全国、全世界了解中国在军事以及其他方面取得的成就,展现人民军队的良好形象和精神风貌,激励全体人民为建设祖国而努力奋斗。

(四)设计意图

电影片段的播放可以很好地营造氛围,渲染情感,从而为导入新课、课文的学习做好准备。互动探究题的设置可以引发学生对"阅兵式"进行初步了解和思考,从而为接下来的探究奠定基础。

(五)教师过渡

从 1949 年到 2019 年,中华人民共和国总共举行过 15 次大规模的阅兵式。15 次阅兵浓缩了中华人民共和国的发展史。让我们一起从阅兵式里看中国。

二、新课教学

◇ 主题情境:阅兵式里看中国

* * 情境一 "飞机不够,就飞两次吧" * *

1949 年 10 月 1 日,30 万军民在北京天安门广场举行集会,庆祝中华人民共和国中央人民政府成立。在毛泽东主席宣布中华人民共和国中央人民政府成立之后,举行了阅兵式。

刚刚成立的中华人民共和国,国家还不够强大。那时候我们有多穷?联合国一家机构的统计数据显示:1949 年中国人均国民收入 27 美元,不足整个亚洲平均 44 美元的三分之二,不足印度 57 美元的一半!汽车、飞机、坦克、拖拉机都造不出来,军队所用的物资大都是抗战时期从日军手里抢过来的,还有部分是国民党留下来的。那时阅兵的飞机数量不够,周总理得知此事后,沉默了几分钟后,给出了解决办法:在这 17 架飞机里,有 9 架战斗机飞行速度最快,阅兵时，让这 9 架在前面飞，通过天安门广场后迅速绕一圈飞到队伍最后面，这样就能给人一种有 26 架飞机的错觉。

（一）互动探究

1. 说一说：为了摆脱落后就要挨打的命运，中国人民和中华民族经历了哪些艰苦卓绝的探索和奋斗？

2. 讲一讲：看了以上材料，你的心情是怎样的？你觉得那时的中国人民最大的愿望是什么？

（二）归纳点拨

1. 千百年来，中华民族夙兴夜寐，执着的追求实现小康，过幸福生活的社会梦想。实现中华民族的伟大复兴，是近代以来中华民族最伟大的梦想。为了实现这个梦想，中华儿女百年来前仆后继，进行了波澜壮阔的争取民族独立和人民解放的斗争。终于，中华人民共和国成立了，中国人民从此站起来了。

2. 激动、兴奋、期待，同时又有一点点心酸。那时的中国人民最大的梦想就是中华民族的伟大复兴。

（三）设计意图

中华人民共和国的成立，是中国把握自己命运的开始。通过对开国大典和第一次阅兵式的介绍，在情感上唤起学生对革命先烈付出的感动和感激，唤起学生的自豪感和责任感。而经济落后的国情，唤起学生进一步的思考：站起来的中国人民，接下来该做些什么。

（四）教师过渡

时代的车轮滚滚向前，1984 年 10 月 1 日，是中华人民共和国成立 35 周年，同样，我国举行了盛大的阅兵式。与第一次阅兵不同，这次，中国震撼了世界。

* * 情境二 “全部都是中国制造” * *

这次受阅部队共 10370 人，各种作战飞机 117 架，导弹 189 枚，坦克装甲车 205 辆，火炮 126 门，火箭布雷车 18 辆，轻武器 6429 支（挺），汽车 2216 辆，组成 46 个方（梯）队。空中梯队共有 4 个，最大的机群为 9 机编队,比10周年空中编队增加4架飞机。各种受阅武器装备共28种,全部是由中国自行设计、自行研制、自行生产的,基本上实现了机械化、电气化、自动化。其中19种是新装备,这些新装备具有现代水平,有的还具有世界先进水平。在这次阅兵中,中国战略导弹部队首次参加阅兵,充分展现了中国国防现代化建设的新成果。

(一)互动探究

1.想一想:1984年我国的军事实力和综合国力显著增强,现代化建设取得巨大成就,其主要原因是什么?

2.画一画:我国取得巨大成就的背后是党的正确领导和决策,是全体人民的努力奋斗。请你画一画实现中国梦的具体规划图,并说说我们现在处在哪个阶段。

(二)归纳点拨

1.坚持党的领导,坚持改革开放,人民努力奋斗等。

2.1990年→20世纪末→2020年→2035年→21世纪中叶

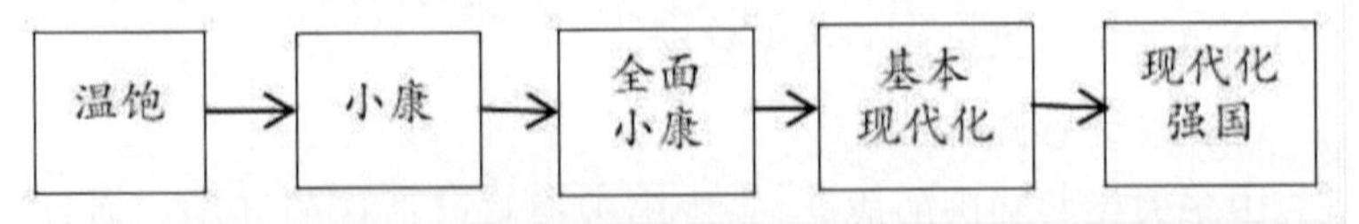

我们现在处在全面建成小康社会,实现第一个百年目标的历史阶段。

(三)设计意图

通过1984年的阅兵,让学生直观感受到改革开放给我国带来的巨大飞跃,从而坚定党的领导,增强爱国情感。同时,通过学生互动探究,让学生了解我国改革开放以来的规划和措施,使学生明白我国是如何一步一步扎扎实实的为实现中国梦而努力奋斗的,激发他们投身祖国未来建设的热情。

(四)教师过渡

2019年10月1日,我国隆重举行了70周年大阅兵,向世界展示了我们的中华盛世。

＊　＊　情境三　“这盛世，如您所愿”　＊　＊

此次阅兵总规模约1.5万人，编59个方（梯）队和联合军乐团，各型飞机160余架、装备580台（套）。今天的中国，经过多年的艰苦奋斗，自力更生，已经成为世界第二大经济强国。海、陆、军三军强盛，自主研发的武器装备远销海外，老百姓丰衣足食，孩子们接受着现代化的良好教育，自主研发的大飞机已经开始服役，各类战斗机群品种齐全，已经可以随时随地保卫我们自己的国家。

周总理，您看到了吗？如今，我们有飞不完的大飞机了。山河犹在，国富力强，这大好河山，如您所愿！

（一）互动探究

1. 说一说：70年沧桑巨变，中国向世界展示了什么叫“中国速度”。请你结合材料说说，70年来我们的国家取得了怎样的成就。

2. 找一找：根据材料，结合课文，找找我国发展新的历史方位是什么？具有什么重要意义？

3. 谈一谈：新时代我国的奋斗目标是什么？为实现奋斗目标，我们必须坚持怎样的科学思想的指导？

4. 想一想：面对新时代，面对党的战略部署，请你规划自己的人生轨迹。

（二）归纳点拨

1. 在中国共产党的领导下，在全体人民的共同努力下，我们中国，正走在伟大复兴的道路上。我国经济实力、科技实力、国防实力、综合国力进入世界前列，国际地位实现前所未有的提升，党的面貌、国家的面貌、人民的面貌、军队的面貌、中华民族的面貌发生了前所未有的变化，中华民族正以崭新的姿态屹立于世界的东方。

2. 经过长期努力，中国特色社会主义进入了新时代。这意味着近代以来久经磨难的中华民族迎来了从站起来、富起来到强起来的伟大飞跃，迎来了实现中华民族伟大复兴的光明前景；意味着科学社会主义在21世纪的中国焕发出强大生机活力，在世界上高高举起了中国特色社会主义伟大旗帜；意味着中国特色社会主义道路、理论、制度、文化不断发展，拓展了发展中国家走向现代化的途径，给世界上那些既希望加快发展又希望保持自身独立性的国家和民族提供了全新选择，为解决人类问题贡献了中国智慧和中国方案。

3.新时代，我国的奋斗目标分成两个阶段：(1)第一个阶段：从2020年到2035年，在全面建成小康社会的基础上，基本实现社会主义现代化。(2)第二个阶段：从2035年到21世纪中叶，在基本实现现代化的基础上，把我国建成富强民主文明和谐美丽的社会主义现代化强国。

要实现奋斗目标，我们必须坚持马克思列宁主义、毛泽东思想、邓小平理论、“三个代表”重要思想、科学发展观、习近平新时代中国特色社会主义思想的指导，全面擘画中国特色社会主义伟大事业。

4.提示：教师可从奉献社会、创造人生价值等方面引导。

(三)设计意图

通过国庆70周年阅兵，让学生直观地感受到祖国的强大。回顾70年前的阅兵，回顾前人的期盼和努力，使他们有更多的感动和感慨。阅兵式的时间轴，也是中国靠自己的努力一步步获得发展的时间轴。再通过新时代的学习，增强学生的责任感和自信心，树立为实现中国梦而努力奋斗的志向。

(四)教师过渡

短短70年，壮阔70年。中国，还有数不清的70年，让我们一起期待，共同建设，为实现中华民族的伟大复兴而努力奋斗！

三、课堂小结

阅兵式里看中国，中国越来越强大。
伟大复兴中国梦，人民幸福国家强。
伟大复兴党领导，党的领导有规划。
全面小康在眼前，首百目标已实现。
历史发展新方位，中国特色新时代。
新的时代两阶段，二零三五与中叶。
基本实现现代化，然后强国复兴梦。
要问梦想怎实现，科学理论来指导。
中国命运自己握，中国道路自己走。

代代国人来接力，伟大复兴不是梦。

四、教学拓展

推荐观看动画片《那年那兔那些事》，并结合动画片，进行以“中国梦的昨天、今天和明天”为主题的社会实践活动。活动主要分成以下 4 个内容：

1. 探寻历史。通过动画片提供的线索去搜集资料，更多地了解近代以来中国人民和中华民族为实现中国梦而努力奋斗的事迹。

2. 社会巨变。通过采访、搜寻数据等方法，了解我国经济发展的状况。

3. 努力方向。通过调查，了解当前人民最关心的问题，归纳成文，写成建议书，发送给有关部门。

4. 畅想明天。制作展板，用图画的形式展示畅想中的未来中国景象。

怎样让道德与法治课走进学生心里？本课给出了一个很好的答案：

1. 要有好的情境，结合情境来学。本课以“阅兵式里看中国”为主题情境，根据中国的发展顺序和规划设置了“飞机不够，就飞两次吧”“全部都是中国制造”“这盛世，如您所愿”三个具体情境，既向学生展开了一幅中国发展的时间图卷，更重视情感的熏陶，使学生感受到中国是如何一步步地把握自己的命运，走向伟大复兴的。在情境中，学生了解前因后果，为学习奠定基础。

2. 要有好的问题探究。本课的问题探究，跳出传统的“是什么”“为什么”“怎么办”三大套路，以体验性、探讨型问题为主，激发了学生兴趣。灵活的探究使得书本上的知识变得富有生命力，简单直接的背诵变成深入持续的探索，学生经历的，不仅仅是一次知识的探索，还是一场爱国主义教育、责任感教育。

3. 要有情感的熏陶。本课在这一点上也做得较好。从憋屈到扬眉吐气，再到自信、自豪，本课的情感线就是对周总理以及所有先烈们的回忆和致敬，情感随着情境的推进在升腾，直至最后一个情境，中华盛世是我们向先辈们交出的美丽答卷。

课时二　共圆中国梦

【课标要求】

本课所依据的课程标准相应部分是“我与国家和社会”中的“积极适应社会的发展”。对应的具体内容:“感受个人成长与民族文化和国家命运之间的联系,提高文化认同感、民族自豪感,以及构建社会主义和谐社会的责任意识。”

【教材分析】

本框在前一框“我们的梦想”的基础上,进一步探讨我们如何去“圆梦”。中国梦的实现必须坚持党的领导,必须走中国道路,必须弘扬中国精神,必须凝聚中国力量。每一个中国人都是一份中国力量,我们要在党的领导下,坚持道路自信、理论自信、制度自信、文化自信。青少年应明确自己的历史责任,敢于创新、勇于担当,为实现中国梦贡献自己的一分力量。

【学情分析】

近年来,受到舆论的影响,学生对于国家的发展存在着两种倾向:大部分学生对国家发展充满信心,觉得中国已经很发达了;但同时,由于“中美贸易战”等事件的影响,有些学生可能也认为我们与发达国家差距较大,难以追赶。学生亟须教师的引导来正确认识我国的发展现状,既要增强民族的自信心,又要有一定的危机意识。同时,九年级的学生正处于由形象思维向抽象思维过渡的阶段,对国家和社会的发展思考不多,需要引导他们将自身的成长与祖国的发展相结合,为实现中华民族的伟大复兴贡献自己的一分力量。

【教学目标】

1. 增强民族自豪感和民族自信心。

2. 增强民族的责任感和使命感。

3.认识到中国梦的实现离不开每一个中国人的努力,努力在实现自己梦想的过程中为实现中国梦做出自己的贡献。

4.做一个自信的中国人。了解自信中国人的特点和自信的源泉,知道实现中国梦的途径。

【重点难点】

教学重点:实现中国梦的途径;自信中国人的特点。

教学难点:我们自信的源泉。

【知识体系】

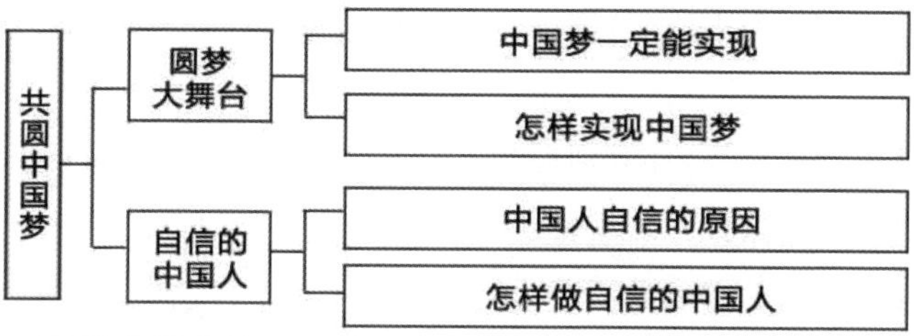

【探究过程】

一、新课导入

1949—2018年中国粮食产量统计情况

年　份	粮食产量/万吨
1949年	11318
1952年	16392
1956年	19275
1978年	30477
1984年	40731
1993年	45649
2007年	50160
2012年	58957
2015年	62144
2018年	65789

呈现材料：

早在中华人民共和国成立前夕的1949年8月，时任美国国务卿的艾奇逊在《美国与中国的关系白皮书》中说道："人民的吃饭问题是每个中国政府必然碰到的第一个问题。一直到现在，没有一个政府使这个问题得到了解决。"

70年风风雨雨，中国共产党和中国人民用铁一样的事实粉碎了这种言论。70年间，中国用占世界9%的耕地，养活了世界近20%的人口。如今的中国，仓廪实，天下安。

（一）互动探究

看了以上材料，你有何感想？

（二）归纳点拨

这一系列数据的背后装着中国人民"养活自己"的美好愿望，装着一代代中国人为了实现粮食梦付出的辛勤与汗水，装着中华民族永不言败的精神和骨气。

（三）设计意图

通过艾奇逊的言论和中华人民共和国成立以来中国粮食产量统计情况，引发学生强烈的民族责任感和自信心，从而导入新课。

（四）教师过渡

这一系列数据的背后是党的正确领导，国家的有效政策以及人民的坚持努力，让我们一起走进中国粮的奇迹。

二、新课教学

◇ 主题情境：中国粮的奇迹

* * * 情境一　中国碗装中国粮 * * *

70年前，国家组织全国数十万转业官兵、知识青年、科技人员开垦北大荒。七十载春秋，北大荒从亘古荒原变成了中华大粮仓。1978年，安徽小岗村实行大包干。1982年至1984年，中央连续3年以“一号文件”的形式，对包产到户给予肯定，家庭联产承包责任制登上我国农村土地经营制度的舞台。1984 年，中国政府向世界宣布：中国基本解决了温饱问题！

如今，中国人的饭碗已经牢牢地端在自己手里。70 年来，中国在解决人民吃饭的问题上不断书写鸿篇、创造历史，走出了一条适合中国国情的粮食发展之路。

（一）互动探究

1. 说一说：选取上述材料中你最感兴趣的一个事件，说说自己的想法。

2. 找一找：提炼材料的关键词，具体说说中国实现粮食梦的过程对我们实现中国梦有什么启发？

（二）归纳点拨

1. 略。

2. 关键词：团结奋斗、中国道路、党的领导、艰苦奋斗、勇于创新等。

实现中国梦必须：

（1）坚持党的领导。贯彻创新、协调、绿色、开放、共享的发展理念，统筹推进经济建设、政治建设、文化建设、社会建设、生态文明建设，协调推进全面建成小康社会、全面深化改革、全面依法治国、全面从严治党。

（2）走中国道路。就是中国特色社会主义道路。

（3）弘扬中国精神。就是以爱国主义为核心的民族精神和以改革创新为核心的时代精神。

（4）凝聚中国力量。就是全国各族人民大团结的力量。

（三）设计意图

通过对中国走出适合国情的粮食发展之路过程的了解，使学生明白：在中国，只有坚持党的领导，走中国道路，弘扬中国精神，凝聚中国力量，才能实现中国梦。

（四）教师过渡

中国梦的实现离不开党的领导，离不开国家的正确道路，同样也离不开我们每一个人。说到中国的粮食梦，就不得不说到一个人。

＊　＊　＊　情境二　中国人种中国稻　＊　＊　＊

他本是一位默默无闻的老师，却敢于站出来挑战国际权威，对国际上提出的“水稻杂交无优势”的言论提出质疑，毅然进行杂交水稻试验。面对“文革”期间的政治冲击，他不惧压力，坚持自己的试验。随着政治局势的好转，他的试验终于取得了实质性进展。不仅打破了所谓国际权威的论断，还一次次将杂交水稻的产量提高。面对杂交水稻背后巨大的经济利益，他毫不犹豫地选择了放弃，将杂交水稻献给了全人类。他希望让杂交水稻填饱更多人的肚子。他就是了不起的袁隆平。

袁隆平曾说：“我有两个梦。一个是禾下乘凉梦。梦里水稻长得有高粱那么高、稻粒有花生米那么大；另外一个梦就是，水稻亩产1000公斤梦早日实现。”如今，他的梦想已经实现！

2019年9月30日，袁隆平被授予“共和国勋章”。

（一）互动探究

1.说一说：袁隆平追求梦想实现的过程对我们每一个中国人有什么启发？

2.谈一谈：你的梦想是什么？你打算怎样实现你的梦想？

（二）归纳点拨

1.（1）拥有梦想。当今时代是放飞梦想的时代，十四亿中国人都可以拥有自己的美好梦想，演绎自己的美丽人生。（2）致力奋斗。只有奋斗的人生才称得上幸福的人生。奋斗者是精神最为富足的人，也是最懂得幸福、最享受幸福的人；新时代是奋斗者的时代。（3）我们要树立远大的理想，坚持不懈、努力奋斗、勇于创新，为实现伟大复兴的中国梦做出自己的贡献。

2. 提示:学生自由发挥,教师引导。

(三)设计意图

通过袁隆平的事迹,使学生心灵受到震撼,从情感上萌发出感动、敬佩,从而联系自身实际,将个人梦想与国家梦想相结合。

(四)教师过渡

外国作家布朗曾经写过一本书《谁来养活中国人》,我们可以告诉他:中国人不需要谁来养活,我们可以自己养活自己。不仅如此,我们还心系世界,为养活世界做出了重大贡献。

* * * 情境三 中国心系世界安 * * *

2019 年 10 月,中国政府发布《中国的粮食安全白皮书》,深入阐述中国粮食安全战略,作为占世界人口五分之一的发展中大国,中国在立足自身发展的同时,还不断加强对外开放与国际合作,为世界粮食安全做出积极贡献。

首先,中国粮食市场更加开放。中国正积极践行自由贸易理念、主动分享中国粮食市场资源,推动世界粮食贸易发展。其次,中国不断与世界尤其是发展中国家分享粮食安全资源和经验。中国的杂交水稻已走向世界,国外杂交水稻年种植面积达 700 万公顷。联合国粮农组织已将杂交水稻列为发展中国家解决粮食短缺的首选技术。面对当今世界严峻的粮食安全挑战,中国提出四点主张:提高粮食生产能力、加强储备应急管理、建设现代粮食流通体系、积极维护世界粮食安全。这是中国特色粮食安全之路为世界贡献的中国智慧和中国方案,彰显了中国在维护世贸规则基础上积极参与世界粮食安全治理、与各国一起让饥饿和贫困从地球上消失的决心。

(一)互动探究

1. 谈一谈:看到中国为世界粮食安全承担自己的责任,你有什么感想?

2. 说一说:你对中国维护世界粮食安全做出贡献有信心吗?分

析你的信心来源于什么？

3.想一想：结合材料，根据你的理解，你觉得应该怎样做一个自信的中国人？

4.辨一辨：有人认为，中国天下无敌。这种盲目自信是不对的。面对中国不断加强国际合作，不断开放自己，不断走向世界的趋势，你觉得做一个自信的中国人还需要注意什么？

（二）归纳点拨

1.提示：学生自由发言。教师可从感到骄傲，感到自信等方面去引导。

2.有。（1）中国共产党领导中国人民开辟了中国特色社会主义道路，形成了中国特色社会主义理论体系，确立了中国特色社会主义制度，发展了中国特色社会主义文化。这是中国自信、民族自信的根本所在。（2）在党的领导下，中国特色社会主义伟大事业不断取得新的成就，国家富强、民族振兴让中国人更加自信。

3.做一个自信的中国人，要：（1）对国家有认同。一个自信的中国人，要具有强烈的国家认同感、与国家民族休戚与共的责任感、以天下为己任的使命感，能够自觉维护国家利益和国家尊严，自觉维护祖国统一和领土完整。（2）对文化有底气。一个自信的中国人，能够坚守中华文化立场，传承中华文化基因，讲好中国故事，传播好中国声音，阐发中国精神，展现中国风貌。（3）对发展有信心。一个自信的中国人，坚信中国特色社会主义道路就是人间正道，坚信创新、协调、绿色、开放、共享的发展理念能够引领中国发展，创造中国奇迹。

4.（1）自信不是妄自尊大，也不是故步自封。在经济全球化的时代，面对各种思想文化的碰撞和价值观念的冲突，我们需要培育理性平和、不卑不亢、开放包容的心态。（2）自信的中国人既是梦想家又是实干家，既要胸怀理想又要求真务实，既要满怀激情又要锲而不舍。（3）不忘初心，继续前行，做自信的中国人，就要坚持中国特色社会主义道路自信、理论自信、制度自信、文化自信。

(三)设计意图

自信是一种发自内心的信心。随着中国越来越强大,中国不仅解决了自己的粮食问题,还为世界粮食安全做出贡献。面对强大的祖国,作为中国人,我们无比骄傲。通过对《中国粮食安全白皮书》的解读,增强学生的信服感和深入的思考。

(四)教师过渡

粮食梦,中国梦,国家的梦,每一个中国人的梦。过去,中国为了实现粮食梦而努力奋斗,今后,我们会继续为了实现中华民族伟大复兴而努力奋斗!共圆中国梦,自信中国人!

三、课堂小结

中国碗装中国粮,中国梦想党领导;

党的领导有方向,中国道路要走好。

凝心聚力共圆梦,中国人民力量大;

不怕流汗不怕累,中国精神世界扬。

中国人种中国稻,人人都有中国梦;

中国梦想不空谈,放飞梦想在今朝。

艰苦奋斗长坚持,实现梦想靠奋斗;

我的梦想国家梦,梦想实现国家强。

中国心系世界安,中国粮食做贡献;

中国担当责任强,中国人民有自信。

认同祖国我的家,认同文化我骄傲;

认同发展我自豪,中国迈向新篇章。

四、教学拓展

利用课余时间搜集身边小人物的奋斗故事,召开一次主题班会,请他们现身说法,讲讲自己的奋斗经历及心路历程。

本课的设计主题突出，思路连贯，脉络清晰。具有以下三个优点：

1. 主题选取典型。本课选择“中国粮的奇迹”为主题情境，将笼统的中国梦转化为具体的“粮食梦”，便于学生代入和理解。

2. 情境演绎自然。本课设置了三个小情境：“中国碗装中国粮”指向解决粮食问题的国家措施，从国家角度阐述中国梦的实现需要坚持党的领导、走中国道路、弘扬中国精神、凝聚中国力量。“中国人种中国稻”指向解决粮食问题公民的做法，选取袁隆平的事例说明实现中国梦需要公民将个人梦融入国家梦，为实现梦想努力奋斗。“中国心系世界安”指向解决粮食问题的全球视野，从中国承担世界责任的角度使学生感受到中国的责任感，而这正是如今中国人充满自信的原因。三个小情境指向三个不同的角度，很自然的演绎了中国怎样实现粮食梦，又以粮食为依托，全面阐释怎样实现中国梦。

3. 问题设置多样。本课的问题形式比较多样，既有归纳材料关键词的中考热门题，又有让学生自由发挥的开放性题目；既有书上能直接找到答案的基础题，又有需要深度思考的提升题。

（第八课参与编写者：沈丽琴，吴江区北厍中学）

九年级下册

第五单元　我们共同的世界

第九课　同住地球村

课时一　开放互动的世界

【课标要求】

本课所依据的课程标准相应部分是“我与国家和社会”中的“认识国情，爱我中华”。对应的具体内容：“学习和了解中华文化传统，增强与世界文明交流、对话的意识。”“了解文化的多样性和丰富性，尊重不同的文化和习俗，以平等的态度与其他民族和国家的人民友好交往。”

【教材分析】

本框从学生常见的社会现象入手，引导他们感受身边的人或事与其他国家的关联，进而使他们认识到，我们的世界是开放、发展和紧密联系的；经济全球化是不可逆转的历史潮流，经济全球化使各国经济相互联系、相互依赖的程度不断加深；各国间的文化交流推动着文化多样性的发展，推动着文化创新，也推动着人类文明的发展。

【学情分析】

从知识储备看，九年级学生能够认识到世界各国联系日益紧密，但对其具体表现了解不足；从思维特点看，九年级学生已经具备了理性思维和逻辑思维能力，但辩证思维能力还需要进一步培养和引导；从生活经验看，九年级学生能够感受在生活中经济全球化和文化多样性所带来的影响,但认知仅停留在对现象的表层了解,缺乏对现象本质的分析。

【教学目标】

1. 认同我们与世界的联系越来越紧密,具有国际视野,主动关心世界的发展变化。

2. 提高参与能力,拓展国际视野,学会融入联系日益紧密的世界。

3. 理解经济全球化的表现与影响;理解文化多样化的意义。

【重点难点】

教学重点:了解经济全球化的影响及应对措施;懂得文化多样化的重要性及面对不同文化应持有的正确态度。

教学难点:中国应对经济全球化的措施;正确对待文化差异、共享文化多样。

【知识体系】

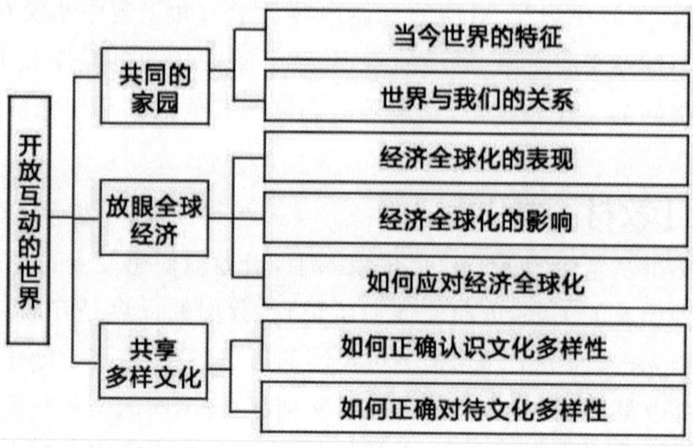

【探究过程】

一、新课导入

一个好消息传来,"中国足球"闯进世界杯了!不过,这里的"中国足球"不是大家想象中的那个足球队,而是真正意义上的中国制造的足球。央视名嘴白岩松调侃地说:"俄罗斯世界杯,中国除了足球队没去，基本上其他都去了。”

(一)互动探究

你知道白岩松的话是什么意思吗?

(二)归纳点拨

俄罗斯世界杯中国足球队很遗憾没能参加，但在俄罗斯世界杯上，可以看到有很多的中国元素。

(三)设计意图

采用新闻播报的形式将世界杯这一热点事件导入，激发学生的兴趣。“俄罗斯世界杯，中国除了足球队没去，基本上其他都去了。”那到底“谁”去了呢？这一悬念可以引起学生极强的好奇心。

(四)教师过渡

俄罗斯世界杯中国足球队没有去，基本上其他都去了，让我们一起走进俄罗斯世界杯，去看看到底“其他”指的是什么吧。

二、新课教学

◆ 主题情境：世界杯——怎么能少了中国

* * * 情境一 世界杯中的中国球迷 * * *

2018 年，去俄罗斯看球赛的中国球迷人数超过了 4 万，排在所有国家中的第 9 位；从最初广播里、黑白电视机里的世界杯，到如今高清电视、投影屏幕里的世界杯，甚至是微博、微信等指尖上的世界杯，中国球迷看球的方式在不断发生变化。

(一)互动探究

从材料中可以看出当今世界具有怎样的特点?

(二)归纳点拨

(1)这是一个开放的世界。国家间相互开放的程度不断加深，在政治、经济、文化各领域的开放范围也在不断扩展。封锁、孤立、以邻为壑的现象尽管仍然存在，但已不是主流。

(2)这是一个发展的世界。新技术、新经济、新业态不断涌现并蓬勃发展，世界正经历着新一轮大发展、大变革、大调整。与此同时，贫富差距、发展不平衡等问题依然困扰着人类社会。

(3)这是一个紧密联系的世界。现代交通、通信、贸易把全球各地的国家、人们联系在一起，彼此影响，休戚相关。

(三)设计意图

通过中国球迷去俄罗斯看球赛、中国球迷的看球方式的变化让学生直观感受到当今世界的特点，即当今世界是一个开放的、发展的、紧密联系的世界。

(四)教师过渡

俄罗斯世界杯中国去了非常多的球迷，他们除了可以看到精彩的赛事以外，还可以在赛场上看到很多中国元素，你知道这些中国元素都有哪些吗？

* * 情境二 俄罗斯世界杯中的中国制造 * *

据说，此次世界杯的每一个进球都来自中国，因为赛事所用的足球都是“Made in China”；俄罗斯世界杯吉祥物——西伯利亚平原狼“扎比瓦卡”玩偶来自广东、浙江等10个省份的工厂；大力神杯纪念品、官方手机(vivo)、钥匙扣、纪念币银章、新闻发布会LED屏等均为中国制造。

(一)互动探究

1. 小组讨论：依照俄罗斯目前的实力，完全有能力生产这些商品，他们为什么要买中国生产的商品呢？

2. 想一想：以上材料反映了当今世界怎样的经济发展趋势？这种趋势对我们产生了怎样的影响，该如何应对？

(二)归纳点拨

1. 商品生产在全球范围内完成，是经济全球化的重要表现。在全球化时代，商品设计、零部件生产、组装、销售、售后服务，可以在不同的国家进行。各国利用自己的优势参与生产过程，共同完成商品生产，这能够充分发挥生产者各自的优势，提高产品质量，降低生产成本。商品贸易在全球范围内进行，也是经济全球化的重要表现。一方面，生产者可以借助各种手段和渠道把商品销售到世界各地，在更广阔的空间进行经营活动；另一方面，消费者可以买到来自世界各地的物美价廉、品种丰富的商品。

2. 经济全球化。积极影响：经济全球化促进商品、资本和劳动力在全球流动，有利于在世界范围内配置资源，促进资源利用更加合理有效。同时，经济全球化也使各国经济相互联系、相互依赖的程度不断加深。为经济发展提供了新的机会。消极影响：使风险与危机跨国界传递。应对措施：面对经济全球化，我们既要顺应历史潮流，保持积极、开放的心态，主动参与竞争；又要居安思危，增强风险意识，注重国家经济安全，为应对各种困难和挑战做好充分准备。

（三）设计意图

通过俄罗斯世界杯中的“中国制造”，帮助学生理解经济全球化的表现，使学生认识到，在经济全球化的今天，我们谁都无法避免参与其中，它既给国家的发展带来了深远影响，又与我们的生活息息相关。同时也使学生对经济全球化有较全面的认识，懂得如何正确对待经济全球化。

（四）教师过渡

在俄罗斯世界杯的足球赛场上，看到那么多中国元素，让我们引以为豪。足球场外，还有惊喜等着大家，让我继续来了解一下。

*** * * 情境三　世界杯中的中国美食 * * ***

最让人意想不到的，是世界杯开始前，约 10 万只小龙虾搭乘中欧班列从武汉出发前往莫斯科。中国球迷看球时的一个习惯，走向了世界杯主办国，成为赛场外一抹有趣的“中国红”。这批小龙虾都已经被做成熟食，加热后即可食用，蒜香、麻辣、清蒸等口味应有尽有，神秘的中华料理在世界杯上“秀”了一波。

（一）互动探究

1. 议一议：中国与俄罗斯的饮食文化存在很大的差异，我们能以

"好"或者"坏"来评价这些差异吗？为什么？

2. 小组交流：举例说明我国与俄罗斯在文化上存在哪些差异？面对文化差异，我们应持怎样的态度？

（二）归纳点拨

1. 不能。

（1）各民族文化都有其产生和发展的渊源，表达了人们对世界特有的理解与情感。各民族文化共同构成姹紫嫣红、生机盎然的世界文化大花园。

（2）文化多样性是人类社会的基本特征，是世界文化充满活力的表现，也是人类文明进步的重要动力。多彩的文化提供了更为广泛的选择，让人们的生活更加丰富多彩，让世界变得更加绚丽多姿。

（3）文化的多样性是实现文化创新与发展的前提和基础。不同特质的文化相互交融，能够为彼此增添新的元素，激发新的活力。

（4）当不同文化背景的人相遇时，人们往往从自身的文化视角、用自己的价值观来理解和判断事物，势必会导致彼此的误解与冲突。

（5）每个民族的文化都是独特的，都有其存在的价值，都有值得尊重的经验和智慧。

2. 如建筑风格、待人礼仪等。正确认识文化差异，通过平等交流、对话，达成彼此的理解和包容。用开放和包容的心态，学习和借鉴优秀外来文化，促进和而不同、兼容并蓄的文明交流。

（三）设计意图

通过"中国小龙虾的远征"图片和俄罗斯传统饮食文化的图片对比，让学生感受中外文化的差异，通过探究让学生掌握如何正确对待文化多样性。

（四）教师过渡

看完了俄罗斯世界杯，相信同学们对经济全球化和文化多样化有了较为深刻的认识。最后让我们跟随习近平主席的步伐，一起进入希腊和巴西，再次感受一下异国风情吧。

三、课堂小结

播放视频:2019 年 11 月 10 日至 14 日,国家主席习近平应邀对希腊进行国事访问,并赴巴西出席金砖国家领导人第十一次会晤。

教师结语:面对世界新形势,党和国家领导人以实际行动顺势而为,积极参与经济全球化,积极进行文化交流互鉴,坚持互利共赢的开放战略,推进构建人类命运共同体。同学们要做具有国际视野、有责任与担当的公民,在开放互动的世界中,放飞青春梦想。

四、教学拓展

观看一部外国电影,在电影中观察与我国文化之间的差异,并将这些差异记录下来,与同学分享。

“贴近教学、贴近学生、贴近生活”是本课设计最大的亮点。本课课程资源的开发和建设服务于课堂教学的需要,学生在轻松愉快的氛围中进行探究,一下子拉近了学生与世界的距离,有利于教学目标的达成,有助于学生学科核心素养的培育,也增强了学生的道路自信和文化自信。本课具有以下三个特点:

1. 情境素材有趣味。本节课以学生感兴趣的世界杯足球赛为素材,讲述中国球迷、中国制造、中国美食的故事,这一情境真实而有趣。虽然课堂在讲述世界杯的故事,但课堂的关注点却不是足球比赛,让学生在诙谐幽默的课堂氛围中进行探究。

2. 问题设计有梯度。世界杯足球赛只是表象,教师通过有梯度的设问和探究,让学生层层深入,透过现象看本质。结合世界杯足球赛中的中国球迷、中国制造和中国美食让同学们掌握当今世界的特点和经济全球化的影响,认识到各国文化的多样性以及对待文化多样性应持的正确态度。

3. 思维训练有深度。本节课的设计,教师结合不同的活动形式、借助可供探究的问题,引导学生发表自己的看法,通过追问,激发学生的深入思考,促进学生思维认知的深化。整个教学过程,让学生在兴趣中探究、在活动中思考,在讨论中深入,师生互动积极,共同完成对所学内容的认知构建。

课时二　复杂多变的关系

【课标要求】

本课所依据的课程标准相应部分是“我与国家和社会”中的“认识国情，爱我中华”。对应的具体内容：“认识树立全球观念的重要性，增强为世界和平与发展作贡献的意识和愿望。”

【教材解析】

本框从学生已有的历史知识出发，引导学生认识世界正处于大发展、大变革、大调整时期，随着世界多极化格局的发展，和平发展大势不可逆转；多种新兴力量的出现使国际力量对比日趋平衡；人类不断探索新的互动方式，合作成为世界主流；国家间的利益竞争与冲突依然存在，各种力量不断分化组合，国际关系复杂多变。

【学情解析】

九年级学生通过之前的知识积累已经基本掌握当前世界格局已由两极格局转向多极化的发展趋势，也清楚当前各国都在谋求合作与发展，能感受到我国的发展进步和不断壮大。但学生对于国与国之间既有竞争又有合作的复杂多变的关系理解不透彻，透过国际事件分析国际关系的能力还较为欠缺。对于新兴经济体及发展中国家为世界带来的影响以及世界多极化所带来的影响方面还缺乏理性认识。

【教学目标】

1. 通过对二次世界大战后影响世界格局的大事件分析和新兴经济体的发展，了解世界多极化的表现和影响，知道我国在世界格局中的地位，增强道路自信，培育学生的政治认同素养。

2. 通过变化中的中美关系，理解国际竞争的实质，客观、理性地认识国家之间的关系;树立和平意识、竞争意识、合作意识、全球意识,树立新型国际观,培育学生的科学精神素养;提高对国际关系的观察和分析能力;理性看待国家间的交往,学会用联系和发展的眼光看问题。

3.了解当今世界发展的多极化趋势,知道我国在世界格局中的地位;掌握当今国际竞争的实质;正确认识国家间的交往。

【重点难点】

教学重点:调整中的国家交往。

教学难点:变化中的世界格局。

【知识体系】

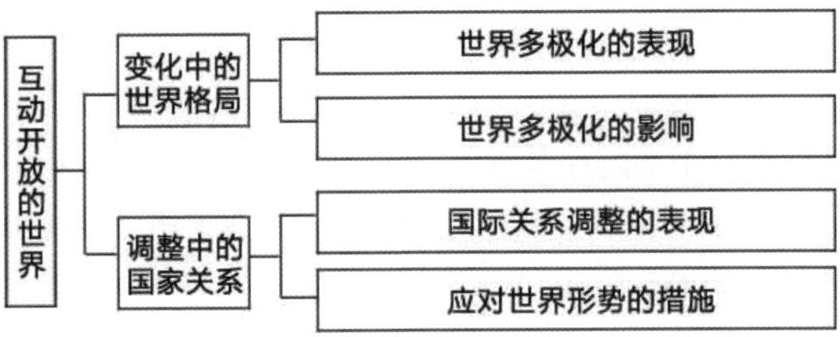

【新课教学】

一、新课导入

(一)互动探究

综合运用你所学过的知识,谈谈这些事件给世界带来的影响。

时　间	事　件	意　义
1949 年	北大西洋公约组织成立	
1955 年	华沙条约组织成立	
20 世纪 90 年代	苏联解体	

(二)归纳点拨

北大西洋公约组织和华沙条约组织的成立,标志着美国与苏联对峙,两极格局形成。苏联解体,标志着冷战结束,以美国、苏联两个超级大国主导的旧的世界格局消失，世界进入多极化时代。

（三）设计意图

通过运用所学历史知识，引导学生思考二战后影响世界格局变化的几件大事，使学生认识到世界格局处于动态的调整变化之中，这些调整和变化对世界的发展以及国家关系产生深远影响，并得出世界多极化的结论。

（四）教师过渡

随着世界多极化趋势的不断发展，中美作为多级中的一级，两国之间的关系也在不断发生变化。为什么会变化？发生了哪些变化？让我们一起来探讨。

二、新课教学

◇ 主题情境：变化中的中美关系

* 情境一　变化中的中美关系——合作伙伴 *

2011 年，《中美联合声明》确认中美双方将共同努力，建设互相尊重、互利共赢的中美合作关系，这是中美双方对中美关系的新定位和表述。2012 年 5 月，在北京召开的中美战略与经济对话期间，双方将构建中美“新型大国关系”作为主题。2017 年 4 月 6 日，中国国家主席习近平在美国佛罗里达州海湖庄园同美国总统特朗普举行中美元首会晤。美方表示，愿意同中方继续加强经贸、投资、科技、人文等领域合作，使中美关系实现更大发展。

（一）互动探究

1. 思考：美国和中国加强合作，说明世界格局发生了哪些变化？你还知道世界格局变化的其他表现吗？

2. 追问：中国等发展中国家和新兴经济体的发展给世界带来了哪些影响？

3. 辩一辩：世界多极化与两极格局哪个更有利于世界和平？为什么？

4. 小组讨论：美国为什么要和中国加强合作？

（二）归纳点拨

1. 冷战结束后，美国和苏联两个超级大国主导的世界格局消失，世界进入多极化时代。世界正处于大发展、大变革、大调整时期。

世界多极化、经济全球化、社会信息化、文化多样化深入发展。全球治理体系和国际秩序变革加速推进，各国相互联系和依存程度日益加深，国际力量对比更趋平衡，和平发展大势不可逆转。新兴经济体和发展中国家快速发展，经济实力、国际地位和国际影响力不断增强。

2. 有利于推动世界多极化、为世界经济持续发展提供动力，促进世界经济增长，实现各国共同发展。

3. 世界多极化更有利于世界和平。因为世界多极化使多种国际力量既相互依存又相互制约。在这种情况下，任何国家都难以单独主宰世界事务。这有利于各国通过协商解决各种问题，促进国际关系民主化，推动世界和平与发展。

4. 当今世界，越来越多的国家在吸取历史经验教训的基础上，不断探索新的互动方式。在经济全球化与世界多极化的进程中，各国在经济、政治、安全、文化等领域深化合作，寻求发展。只有合作互惠，才能使世界各国共同发展。

（三）设计意图

通过中美之间的合作，让学生思考美国为什么要和中国加强合作，在此基础上理解发展中国家和新兴经济体的发展对世界带来的影响。通过世界多极化和两极格局哪个更有利于世界和平的讨论，让学生深刻认识世界多极化的积极影响。

（四）教师过渡

中美之间虽然在很多领域进行了合作，但是两国的竞争也是越来越激烈。你知道两国之间都有哪些竞争吗？为何要竞争呢？

*** 情境二 变化中的中美关系——竞争对手 ***

进入 21 世纪第二个十年以来，随着中国综合国力的增强、国际影响力的提高，中美两国间竞争态势日益增强。美国总统特朗普执政后特别是 2018 年以来，为维护美国的世界霸权地位，其以中美经贸问题为突破口，在安全、政治、航天航空、国际合作等领域与华展开全面竞争。

（一）互动探究

1. 想一想：中美之间竞争的实质是什么？

2. 议一议：中美之间为何要竞争？

（二）归纳点拨

1. 以经济和科技实力为基础的综合国力的较量。

2. 每个国家都希望通过自身努力在新一轮国际关系的调整中获得发展机遇。

（三）设计意图

通过“中国制造 2025”和美国所谓的“新经济战略”，让学生感受到中美之间的竞争之激烈，从而认识到国际竞争的实质。

（四）教师过渡

中美之间经济竞争的现状到底是怎样的？让我们通过 2019 年的中美经济实力对比报告来了解。

2019 年中美经济实力对比报告中指出：中国与美国国内生产总值(GDP)规模差距快速缩小，相当于美国的 66%，预计 2027 年中国 GDP 总量赶超美国。2018 年，中国经济规模达 13.6 万亿美元，经济增速 6.6%，占世界生产总值的 16%；美国经济规模为 20.5 万亿美元，经济增速 2.9%，占世界生产总值的 24%。如果中国按照 6%左右的增速增长，预计到 2027 年前后，中国有望成为世界第一大经济体。

（一）互动探究

中美关系的变化受哪些因素的影响？

（二）归纳点拨

世界不断发生变化，各国之间的力量对比、利用关系也在发生改变。尽管国际形势缓和的大趋势没有改变，但各种矛盾相互交织，各种力量重新分化组合，各类突发事件不断发生，考验着国与国之间的关系，整个世界复杂多变。

（三）设计意图

通过中美经济实力对比报告和漫画，引导学生深入分析中美关系变化的影响因素。

（四）教师过渡

中美两国的竞争不仅仅体现在经济上，还体现在很多方面。为了在竞争中获胜，美国不顾国际规则，采用很多不合理的方式打压中国，中美之间的摩擦不断，愈演愈烈。让我们一起来聊聊中美之间的冲突与摩擦吧！

＊　情境三　变化中的中美关系——摩擦不断　＊

在 2019 年的国际形势与中国外交研讨会上，国务委员兼外交部部长王毅对中美关系进行了阐述，“今年是中美建交 40 周年，但两国关系却遇到了 40 年来前所未有的复杂局面。美方在经贸、科技、人员交往等领域接连对中国无端设限和打压，在香港、台湾、新疆、西藏等涉及中国领土主权和民族尊严的核心利益问题上蓄意攻击抹黑。不仅如此，美方还在各种国际场合诋毁中国的社会制度、发展道路以及同其他国家的互利合作，给中国扣上了各种莫须有的罪名。”

（一）互动探究

1. 想一想：材料中王毅的发言提醒美国在国际竞争中需要注意些什么？

2. 小组交流：面对激烈的国际竞争和复杂多变的世界，中国是如何做的？

（二）归纳点拨

1. 国际竞争需要各方遵循一定的国际规则。

2. 中国高举和平、发展、合作、共赢的旗帜，为推动建设相互尊重、公平正义、合作共赢的新型国际关系做着不懈的努力。

（三）设计意图

通过王毅对美国的发言，让学生掌握国际竞争需要各方遵循一定的国际规则。从中美建交 40 年来中美关系的复杂变化，让学生思考我国如何理性对待国与国之间的复杂关系。

（四）教师过渡

国际关系复杂多变，不管是中美之间，还是与其他国家之间，都既有合作又有竞争。对于复杂多变的国际关系，我国的态度是什么呢？让我们一起来听听习近平总书记是怎么说的。

三、课堂小结

播放视频：《大国外交》。

习近平："世界那么大，问题那么多，国际社会期待听到中国声音，看到中国方案！我真诚希望国际社会携起手来，秉持人类命运共同体的理念，把我们的星球建设得更加和平、更加繁荣。"

四、教学拓展

收集近期有关我国与其他国家之间合作的新闻资料，完成以下表格。

参与国家	合作领域	合作项目
	经济领域	
	政治领域	
	文化领域	

复杂多变的世界关系，对很多学生来说并不是很了解，本节课设计通过"变化中的中美关系"这一主题情境，引导学生从合作伙伴、竞争对手、摩擦不断三个环节思考中美关系发生变化的原因，以小见大，指导学生理性认识国与国之间的复杂关系，探索应对变化的国际关系的策略。本课具有以下三个特点：

1. 平等对话，发挥学生主体性。"变化中的中美关系"在教师与学生之间、生活和理论之间架起了一座桥梁。整节课中师生围绕这一主题情境和课本知识，进行民主、自由、平等的探索和交流。学生各抒己见、展示个性，教师进行适当点拨启发、归纳总结，既调动了学生学习的积极性和主动性，又可以更好地引导学生学会学习、快乐学习，提高了学习的效果。

2. 紧扣热点，注重政治时效化。本节课以中美关系创设主题情境，具有一定的典型性和时效性，并根据教学需要加以提炼和整合，进而根据学生认知规律和思维特点逐层设计问题，加深问题的深度和广度，让学生透过现象看本质，解决本课重点、难点知识，使本节课脉络清晰，结构简约，提高课堂学习的效率，同时也有助于学生思维的连贯性，帮助学生对国际关系形成全面和辩证的认识。

3. 行知合一，促进核心素养养成。本节课的设计突破知识内容的拘束，强调知识体系内在的多重整合，更是引导学生将独立思考、合作探究和积极实践相统一，促进学生思维、能力、情感态度价值观等方面的整体发展，凸显道德与法治学科核心素养。

（第九课参与编写者：居海燕，吴江区运河实验初中）

第十课 构建人类命运共同体

课时一 推动和平与发展

【课标要求】

本课所依据的课程标准相应部分是“我与国家和社会”中的“认识国情，爱我中华”。对应的具体内容：“认识树立全球观念的重要性，增强为世界和平与发展作贡献的意识和愿望。”知道当今时代的主题是和平与发展，认识战争的危害和影响和平的因素，理解和平的重要性，珍惜今天来之不易的和平，积极表达爱好和平的愿望。认识发展的重要性以及具体措施，树立全球观念、增强忧患意识，热爱社会主义祖国，维护世界和平，为中国的和平、崛起而奋斗。

【教材分析】

本框从学生的生活实际出发，引导他们把思考的深度进一步加深，逐步把视野投向更广阔的未来；让学生了解世界和平与发展的历史，分析影响和平与发展的因素，为成为一个具有全球观念、忧患意识同时又热爱和平、热爱社会主义祖国的公民打下基础。教材通过对人类战争历史的回顾、当前世界形势的分析以及未来发展趋势的展望，层层深入，加深了学生对和平与发展的理解。

【学情分析】

从知识储备看，九年级学生能够认识到世界和平与发展的时代主题，但对和平与发展面临的问题了解不足，对解决问题的方法认识不深；从思维特点看，已经具备了一定理性思考和逻辑分析能力，但辩证思维能力需要进一步引导和培养;从生活经验看,能够了解一些和平与发展的历史和事例,但受其自身阅历的限制,认知往往停留在对现象的了解,缺少对本质的分析。

【教学目标】

1. 知道人类追求和平的历史;了解当今世界和平与发展面临的问题。

2. 理解和平与发展是当今时代的主题,发展是人类面对的共同课题。

3. 增强维护世界和平、推动可持续发展的情感;以自己的实际行动为维护世界和平与发展而努力。

【重点难点】

教学重点:和平与发展是当今时代的主题。

教学难点:如何维护世界和平、推动可持续发展。

【知识体系】

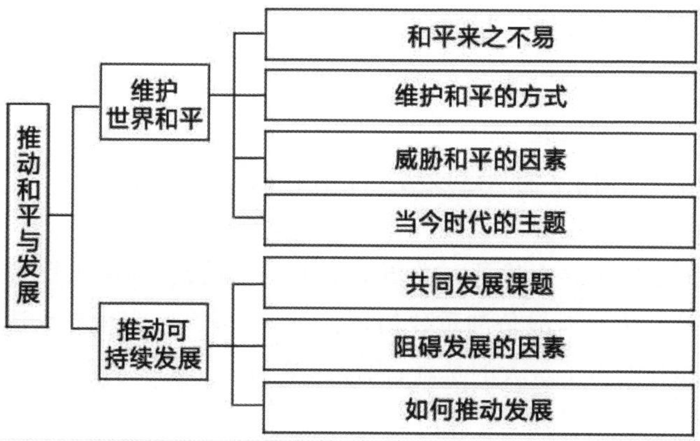

【探究过程】

一、新课导入

(一)教师导入

1937 年,因卢沟桥事变(七七事变),使我们国破家亡,狼烟四起，无数英勇将士血洒疆场，万千家庭流离失所。而到了今天，我国山河壮丽，国泰民安，这是中国从战争到和平，从苦难到复兴的艰苦历程。80多年来，中华民族和中国人民通过自己的努力走上了和平与发展之路。如今，我们还要和世界上更多的人一起构建人类命运共同体，促进全人类的和平与发展。今天，我们就来学习第十课“构建人类命运共同体”第一框“推动和平与发展”。

（二）设计意图

通过情境教学，可以直观地将同一年龄但不同时代的人们的命运进行对比，可以引发学生的很多思考。让学生在对比中感受到战争的可怕与和平的可贵。

二、新课教学

◇ 主题情境：渴望和平的世界

＊ ＊ ＊ 情境一 和平的脚步 ＊ ＊ ＊

在中国人民抗日战争暨世界反法西斯战争胜利70周年阅兵式上有这样一支特别的方阵，他们最年长的102岁，平均年龄90岁。这就是老兵方阵。让我们跟着他们一起回顾第二次世界大战和抗日战争那段艰苦的岁月。

（一）互动探究

讲一讲：同学们从这段历史中有什么样的感受？

（二）归纳点拨

第二次世界大战是人类历史上的一场浩劫；中国人民抗日战争是世界反法西斯战争的重要组成部分，中国人民为世界反法西斯战争的胜利做出了重大的贡献；深深感受和平与发展的可贵。

（三）启发提升

和平与发展成为当今时代的主题。

（四）设计意图

结合学生所学的历史知识，进行学科的互动，可以提高学生参与的积极性；通过对历史知识的回顾，引导学生归纳出“和平与发展成为当今时代的主题”。

（五）教师过渡

和平来之不易，我们要继续守住这和平的果实更是不易。

* * * 情境二　和平的努力 * * *

材料一：在中国人民抗日战争暨世界反法西斯战争胜利 70 周年阅兵式中除了可以看到老兵以外，我们还可以看到“蓝盔”。刚刚过去的国庆大阅兵中压轴出场的中国蓝盔，精彩亮相，惊艳全场。中国已累计派出维和军事人员 4 万余人次，参加了联合国 24 项维和行动。在中华人民共和国 70 华诞之际，仍有 2500 余名中国军人正执行维和任务。

（一）互动探究

想一想：我国积极派出维和部队说明了什么？

（二）归纳点拨

我国主动承担维护世界和平的责任，为维护世界和平做出贡献。

（三）教师过渡

除了维护世界和平的军人外，政治家们在谈判桌上也为和平做着努力。

材料二：

（一）互动探究

议一议：当你和他人发生争执时应该如何解决？国与国之间发生争端时该如何解决呢？

（二）归纳点拨

当今世界，人民越来越致力于以和平谈判代替武力解决争端。

成立联合国,不断建立健全维护和平的机制;派驻维和部队;签署核不扩散条约……人类运用多种方式维护和平,为实现和平不断进行新的探索。

(三)设计意图

通过新闻热点事件,激发学生的兴趣,让学生感受到和平来之不易,认识到和平的取得需要人民的共同努力。

(四)教师过渡

生活中有人选择暴力解决争端,而国与国选择了暴力便威胁了和平。

* * * **情境三 和平的威胁** * * *

材料一:2019 年 10 月 9 日,土耳其总统埃尔多安宣布,向叙利亚北部发动代号为“和平喷泉”的军事行动。当天晚上,土耳其军队向“叙利亚民主力量”目标发动密集炮击和空袭,造成叙利亚东北部含 8 位平民在内的至少 15 人死亡,另有超 40 人受伤。

(一)互动探究

想一想:当今世界的总体局势如何?上述材料体现了哪些威胁世界和平的因素?除此之外还有哪些威胁世界和平的因素?

(二)归纳点拨

世界整体上维持和平的态势,但战争的阴影从未远离。局部战争与冲突从未间断,霸权主义、民族问题、宗教冲突、领土争端和恐怖主义等威胁和平的种种因素依然存在。其中,恐怖主义日益成为威胁世界和平的重要因素。

材料二:2015 年,一张 3 岁叙利亚男童在偷渡途中溺亡、伏尸土耳其海滩的照片震惊世界,而与他一同溺亡的还有他的母亲和 5 岁的哥哥。唯一幸存的父亲回到叙利亚后埋葬了他的妻子与两个儿子。伤心的父亲已决定不再离开祖国,只期望“悲剧不再在叙利亚上演,让和平降临到我们身边”。

(一)互动探究

讲一讲:看了上述材料和图片后你有何感受?我们该如何让悲剧不再上演?

(二)归纳点拨

维护世界和平需要每个人的努力。我们要看到和平来之不易,要珍惜今天的和平,积极表达爱好和平的愿望,主动承担维护世界和平的责任,为维护世界和平做出贡献。

(三)设计意图

从国际热点问题入手,可以开拓学生的视野,引发学生的思考。问题设计层层递进,让学生既感受到我国在国际社会中发挥着推动和平与发展的重大作用,同时又认识到国际社会还存在着种种问题有待我们解决。

(四)教师过渡

人们渴望和平,而和平离不开发展。

*** * * 情境四 和平与发展 * * ***

材料一:2018 年,全球亿万富豪有 2208 人,其财富每天增长 25 亿美元。全球 38 亿最贫困人口的财务状况在同年完全没有得到改善,而亿万富豪榜前 26 名的财富相当于这 38 亿最贫困人口拥有的财富的总和。

(一)互动探究

说一说:上述材料反映了什么问题?这启示我们人类面临着哪

些发展课题？

（二）归纳点拨

当今世界存在贫困及贫富悬殊等问题。消除贫困，让人们都过上幸福的生活，平等和有尊严地在健康的环境中充分发挥每个人的潜能，与自然和谐共生，建设和平、公正、包容的社会，是当今人类必须面对的发展课题。

材料二：据国际货币基金组织的统计分析，2018 年全球发达国家的人口合计接近 11 亿，而发展中国家的人口合计高达 63.9 亿。发展中国家所创造的国内生产总值（GDP）约为 33.67 万亿美元，人均不到 5300 美元；而发达国家所创造的 GDP 高达 51.07 万亿美元，人均已超 4.7 万美元。发达国家人均 GDP 是发展中国家人均 GDP 的 9 倍。

（一）互动探究

说一说：上述材料反映了发展中的什么问题？还有哪些因素会阻碍人类的发展？

（二）归纳点拨

世界经济发展不平衡现象仍然存在、发达国家与发展中国家之间的差距仍然较大。

频发的战争、恶劣的自然环境和落后的教育等诸多因素使许多国家仍然难以摆脱贫困。由此衍生的饥饿、疾病、社会动荡等一系列问题，阻碍着人类的发展。

材料三：中国农村贫困人口（按照 2010 年贫困标准）由 1978 年的 7.7 亿人减少至 2018 年的 1660 万人，农村贫困发生率由 1978 年的 97.5%下降至 2018 年的 1.7%。精准扶贫、精准脱贫、解决“两不愁三保障”突出问题、建档立卡、产业扶贫、易地扶贫搬迁……中国共产党带领中国人民打响了一场脱贫攻坚战，中国迎来了历史性的跨越和巨变。

（一）互动探究

议一议：上述材料启示我们应该如何推动可持续发展，消除贫困？

（二）归纳点拨

在不同的发展阶段设立递进式的减贫目标。各国应结合自身的实际情况，不断探索消除贫困的有效途径，为促进整个世界的发展而努力。面对贫困问题，世界各国应积极推动，为消除一切形式的贫困、改善教育和医疗卫生条件、促进可持续发展共同努力。

（三）设计意图

从直观的数据、图片入手，可以引发学生的思考。让学生了解到贫困仍困扰着人类，贫困问题需要人类携手解决，而中国在其中发挥着重要的作用。

三、课堂小结

人类热爱和平，渴望发展，和平与发展是当今时代的主题。

然而，恐怖主义、地区冲突……威胁着和平，阻碍着发展。

贫穷折磨着我们。

我们要共同努力维护和平、推动发展，构建人类命运共同体。

四、教学拓展

办一期以“和平与发展”为主题的板报。要求设计“回顾历史”“展望未来”两个栏目，通过网络、书籍等渠道搜集资料，同时结合教材内容、典型案例和漫画等。

（一）设计意图

通过板报设计，不仅能让学生在资料的检索中了解和平与发展的历史，同时还能让其感受到和平与发展的不易，坚定其维护和平与发展的决心。让学生展望未来，以自己的实际行动为维护世界和平与发展而努力。

（二）专家点评

这节课通过情境的优化设计，让学生在情境感受中形成素养，在情境分析中内化素养，在情境升华中提升素养。从整节课教学设计与实施来看，具有以下三个特点：

1. 教学内容具有联系性。本节课围绕“和平与发展”这一主题，以“过去—现在”,“国内—国际”为线索,分别设计了“和平的脚步”“和平的努力”“和平的威胁”“和平与发展”四个小情境。既重视教材知识,又注重知识与国情的结合,对于拓展学生知识视野、认识世界具有明显效果。

2.情境材料具有时代性。在教学中,情境创设紧跟时事热点,从国内的阅兵式到西方的难民问题,既开阔了学生的视野,又充分激发了学生的学习兴趣;课堂参与度高,学生有比较充分的思考与交流,师生互动积极,形成良好的课堂状态。从威胁和平的因素让学生了解、分析、理解当下和平与发展问题,具有很强的互动性和参与性。由我们当下遇到的问题引发学生的深入思考,探究问题,完成对所学内容的认知构建。

3.教学过程具有主题性。将“和平与发展”这一主题贯穿于教学活动的全过程,从人类争取和平的历史到和平与发展成为时代的主题,再到人类如今遇到的问题与挑战,古今、中外对比一目了然,让学生既有效地掌握了教材知识,又增强了学习能力,培养了国际视野,同时还激发了学生热爱祖国、热爱和平与发展的情感。

课时二　谋求互利共赢

【课标要求】

本课所依据的课程标准相应部分是“我与国家和社会”中的“认识国情，爱我中华”。对应的具体内容：“认识树立全球观念的重要性，增强为世界和平与发展作贡献的意识和愿望。”本课从人类赖以生存的地球出发，了解地球正面临着人类所带来的问题，认识到我们面临的问题需要全人类的参与解决，展现我国提出的人类命运共同体的理念，引导学生培养互利共赢的品质，共同推动人类命运共同体的构建。

【教材分析】

本框从学生的生活实际出发，引导他们把思考的深度进一步加深，了解人类命运共同体。让学生了解人类共同面临的问题，分析解决问题的方法，培养互利共赢的品质，共同推动人类命运共同体的构建。教材通过对全球性问题层层深入的分析，让学生认识到人类是紧密相连的共同体。

【学情分析】

从知识储备看，九年级学生能够对人类共同面临的问题有所了解，但对问题产生的原因和影响，以及对解决问题的方法认识不深；从思维特点看，已经具备了一定理性思考和逻辑分析能力，但辩证思维能力需要进一步引导和培养；从生活经验看，能够知道一些命运共同体事例，但受其自身阅历的限制，认知往往停留在对现象的了解，缺少对本质的分析。

【教学目标】

1.知道人类联系越来越紧密,逐步形成命运共同体;了解人类发展面临着全球性的问题和挑战。

2.理解关心共同命运的重要性和必要性;懂得构建人类命运共同体需要各国的共同努力。

3.增强关心命运共同体的情感;以自己的实际行动为构建人类命运共同体而努力。

【重点难点】

教学重点:关心命运共同体。

教学难点:为什么要构建人类命运共同体;如何构建人类命运共同体。

【知识体系】

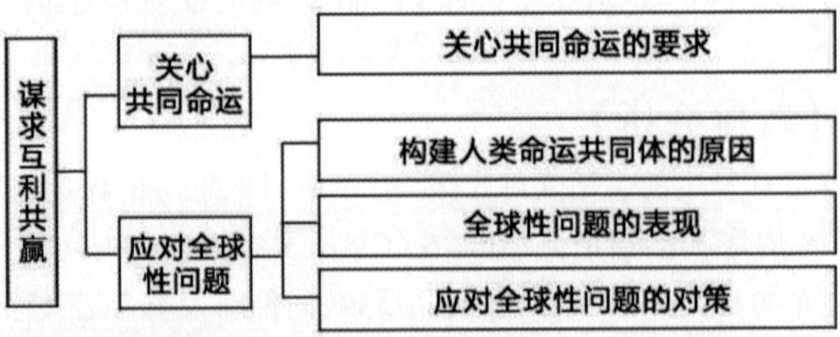

【探究过程】

一、新课导入

(一)播放视频

“一带一路”简介视频。

(二)互动探究

说一说:从视频中我们可以感受到“一带一路”体现了怎样的精神?对人类发展有什么作用?

(三)归纳点拨

“一带一路”体现了互利共赢的精神。有利于人类命运共同体的构建。

（四）设计意图

用视频导入，可以迅速抓住学生的眼球，激发学生的探究兴趣，顺利引出互利共赢的话题。

（五）教师过渡

随着社会的发展，我们与他人的联系越来越紧密，你我同呼吸、共命运，同住地球村。

二、新课教学

◆ 主题情境：命运相关的你与我

* * * 情境一　你我同呼吸 * * *

材料一：你说你招谁惹谁了，一辈子没出过门，更没出过国，却得了外国病，还整得挺远——非洲猪瘟，惨遭灭九族之灾……往后这个冬天怎么过，你让萝卜跟谁炖？粉条怎么想？白菜怎么办？真的是猪在圈中待，病从国外来。

（一）互动探究

1. 你知道材料在说哪件事吗？

2. 非洲猪瘟在全世界蔓延，告诉我们一个怎样的道理？

（二）归纳点拨

1. 猪瘟。

2. 当今世界，各国相互联系、相互依存的程度空前加深。

材料二：当地时间 2019 年 8 月 22 日，巴西亚马逊州，亚马逊雨林遭遇大火侵袭。法国总统马克龙 8 月 22 日在博客上写道："我们的家园着火了。亚马逊雨林这个地球之肺正在被大火吞噬，它制造的氧气占全球氧气的 20%。这是一场国际危机。"

（一）互动探究

1. 想一想：为什么亚马逊雨林大火会牵动千里之外的法国总统？

2. 查一查：你还知道哪些人类面临的全球性问题？

（二）归纳点拨

1. 亚马逊雨林大火关系整个人类的生存，影响着人类的发展。

2. 世界面临的不稳定性、不确定性突出，世界经济增长动能不足，贫富分化日益严重，地区问题此起彼伏，恐怖主义、网络安全、重大传染性疾病、气候变化等非传统安全威胁持续蔓延。

（三）设计意图

通过两个身边的新闻，可以激发学生的探究兴趣，让学生认识到我们面临的问题往往是相互联系的，世界上许多问题是相互影响的。

（四）教师过渡

所有人都是地球上的住客，我们呼吸着同样的空气，为了所有人，我们必须手拉手一同前进。

＊　＊　＊　情境二　你我手拉手　＊　＊　＊

材料一：2016 年 4 月 22 日，170 多个国家领导人齐聚纽约联合国总部，共同签署气候变化问题《巴黎协定》，承诺将全球气温升高幅度控制在 2℃的范围之内。中国国务院副总理张高丽代表中国签署《巴黎协定》。然而，2017 年 6 月 1 日下午，美国总统特朗普在白宫玫瑰花园正式宣布退出《巴黎协定》。

（一）互动探究

议一议：面对环境问题，各国为什么要签署《巴黎协定》？美国的做法会对世界产生什么样的影响？

（二）归纳点拨

没有哪个国家能够独自应对人类面临的各种挑战，也没有哪个国家能够退回到自我封闭的孤岛。采取共同行动，承担共同责任，构建人类命运共同体，应成为各国解决全球性问题的必然选择。

美国的做法是一种事不关己的态度，是一种推诿、逃避责任的行为，将导致问题更加复杂，积重难返，造成自然环境和社会环境的进一步恶化，甚至给人类带来灭顶之灾。

材料二：国家主席习近平在纽约联合国总部出席第七十届联合国大会时，发表了题为《携手构建合作共赢新伙伴　同心打造人类命运共同体》的重要讲话。习近平主席强调："让我们更加紧密地团结起来，携手构建合作共赢新伙伴，同心打造人类命运共同体。让铸剑为犁、永不再战的理念深植人心，让发展繁荣、公平正义的理念践行人间！”

（一）互动探究

1. 解决世界性问题，我们需要秉持怎样的理念？

2. 人类只有一个地球，各国共处一个世界。我们为什么要构建人类命运共同体？

（二）归纳点拨

1. 需要构建人类命运共同体的理念。面对全球性挑战，各国应该坚持对话协商，建设一个持久和平的世界；坚持合作共赢，建设一个共同繁荣的世界；坚持交流互鉴，建设一个开放包容的世界；坚持绿色低碳，建设一个清洁美丽的世界。

2.（1）当今世界，各国相互联系、相互依存的程度空前加深。

（2）人类面临许多共同挑战，需要解决许多全球性问题。

（3）没有哪个国家能够独自应对人类面临的各种挑战，也没有哪个国家能够退回到自我封闭的孤岛。采取共同行动，承担共同责任，构建人类命运共同体，应成为各国解决全球性问题的必然选择。

（4）由中国首倡的构建人类命运共同体的理念，充分表达了人类追求和平与发展的愿望，为解决人类面临的共同问题提供了宝贵的思路，为人类未来发展提出了具有重要价值的构想，为人类共同美好的未来指明了方向。

（三）设计意图

通过两则材料，激发学生的探究兴趣，从正反两方面设计问题，引导学生在发现问题、分析问题、解决问题的过程中认识到，这些问题的解决需要培养互利共赢的理念，构建人类命运共同体。

（四）教师过渡

当今世界，没有哪个国家能够置身事外，我们只有手拉手、一起走，才能解决我们面临的一个个问题。因为人类是命运共同体。

*** * *　情境三　你我共命运　* * ***

材料一：商务部发布的数据显示，2019 年前三季度，我国企业对“一带一路”沿线的56个国家新增投资合计100.4亿美元,占同期总额的12.4%,对“一带一路”沿线国家投资合作积极推进。截至2019年9月,我国企业在46个国家在建初具规模的境外经贸合作区累计投资426.9亿美元,入区企业5452家,上缴东道国税费40.9亿美元,为当地创造就业岗位36.7万个。

(一)互动探究

想一想:我国“一带一路”倡议给沿线国家带来了看得到的实惠,这启示我们应该如何构建人类命运共同体?

(二)归纳点拨

构建人类命运共同体,各国要努力扩大利益的交汇点,谋求开放创新、包容互惠的发展前景。

构建人类命运共同体,不仅需要世界各国的一致行动,而且需要各国人民相互信任、守望相助的共同担当。

材料二:杂交水稻解决了千百年来困扰中国人的吃饭问题。袁隆平“杂交水稻覆盖全球”的梦想:超级稻走出国门,帮助其他国家的人。他说:“全世界有一亿六千万公顷稻田,如果其中一半种上了杂交稻,每公顷增产2吨,每年增产的粮食可以多养活5亿人口。”

(一)互动探究

说一说:袁隆平“杂交水稻覆盖全球”的梦想对我们构建人类命运共同体有何启示?

(二)归纳点拨

关怀生命、尊重生命的价值,能够让我们不仅善待自己,而且把关切的目光投向世界,关注他人的命运,把他人看成同我们一样的人,理解他人的痛苦与快乐,看到生命中共同的渴望,增进包容与合作。

材料三:阅读书本25页“探究与分享”

(一)归纳点拨

我们要把构建人类命运共同体的理念同实际行动联系起来,既放眼全球,关注世界的发展,关注人类的命运,又心系祖国,在实现中国梦的生动实践中放飞青春梦想,在为人民利益的不懈奋斗中书写人生华章。

(二)设计意图

通过我国积极推动“一带一路”倡议,帮助世界其他国家的发展,让学生直观感受到互利共赢与构建人类命运共同体的要求,培养互利共赢的品质。

三、课堂小结

我们生活在同一个世界,

这是我们共同的家园。

我们心连心,同呼吸,共命运。

共同构建人类命运共同体,互利共赢,

让我们的世界在和平、安宁中发展繁荣。

四、教学拓展

观看纪录片《一带一路》,并以此为基础进行一次知识竞赛。围绕“一带一路”与“人类命运共同体”,以小组为单位,设计一套知识竞赛题;小组交换题目进行比赛。

(一)设计意图

纪录片包含了丰富的知识,且以直观的形式呈现,更容易使学生学习和接受。同时,观看后以知识竞赛的形式激发学生兴趣,有利于让学生加深对“一带一路”的认识,了解我国互利共赢的对外政策,感受我国在构建人类命运共同体中所做的努力。

(二)专家点评

这节课材料案例较多,设置“命运相关的你与我”这一主题情境,分设“你我同呼吸”“你我手拉手”“你我共命运”三个小情境。从整节课教学设计与实施来看,具有以下三个特点:

1. 教学内容简洁明了、层层深入。既突出了教学的重点、难点,又与情境材料相结合。从“一带一路”入手、感悟国家之间、民族之间、人与人之间的联系,从非洲猪瘟、亚马逊雨林大火再到气候问题,让学生感受到世界与自己的联系,理解人类生存与发展是相互联系的，人类是命运共同体。

2.情境创设前后联系、由浅入深。在教学中，利用影响世界的热点问题创设情境。热点问题具有很强的代入感和参与性，开阔了学生的视野，气候、环境、粮食问题能够充分调动学生探讨的积极性。

3.教学主题贯穿始终、逐步升华。从人类遇到的气候、环境问题到中国倡导的“一带一路”与人类命运共同体，从我们的问题到中国的态度，教学主题逐步升华，这有利于引导学生在获取知识的同时进行深入思考，探究问题。通过主题情境，学生既了解了我们遇到的问题，又知道了解决问题的途径，整个教学过程在让学生掌握课堂知识的同时，培养学生了解时事的兴趣，拓宽了学生的视野。

（第十课参与编写者：朱浴东，吴江区盛泽第一中学）

第六单元　世界舞台上的中国

第十一课　与世界紧相连

课时一　中国担当

【课标要求】

本课所依据的课程标准相应部分有“我与国家和社会”中的“积极适应社会的发展”“认识国情，爱我中华”。对应的具体内容：“关注社会发展变化，增进关心社会的兴趣和情感，养成亲社会行为。”“了解当今世界发展趋势，知道我国在世界格局中的地位、作用和面临的机遇与挑战，增强忧患意识。”

【教材分析】

本框主要阐述了面对各种区域性和全球性的危机与难题，中国积极行动，勇担责任，发挥着负责任大国的作用。同时，在推动建立国际政治经济新秩序的过程中，中国广泛参与，积极承担国际责任，提出中国方案，贡献中国智慧。

【学情分析】

作为祖国的未来，青少年肩负着实现中华民族伟大复兴的历史使命。九年级的学生对我国的国情还缺乏较为全面的了解，对我国在促进世界发展、应对全球性危机和挑战等方面做出的努力和贡献关注不多；部分学生对我国在国际舞台上的作为，存在了解不够全面、理解不够深入、观点不够客观等问题。

【教学目标】

1. 了解中国担当及贡献中国智慧的表现，知道我国在参与国际事务中承担的责任和发挥的重要作用。

2. 学会以全球视野及辩证的眼光认识中国对世界的责任与担当。

3. 增强忧患意识，做一个有担当的中国人。

【重点难点】

教学重点：积极有作为。

教学难点：贡献中国智慧。

【知识体系】

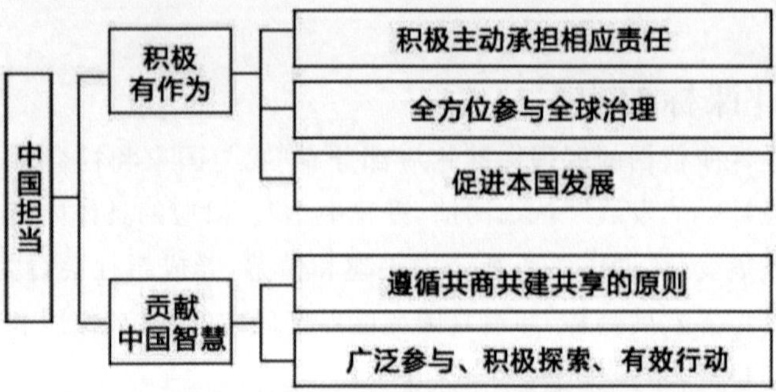

【探究过程】

一、新课导入

（一）呈现材料

习近平总书记曾说："世界那么大，问题那么多，国际社会期待听到中国声音、看到中国方案，中国不能缺席。"

（二）互动探究

你是怎样理解习近平总书记这句话的？

（三）归纳点拨

中国同世界的关系越来越紧密。中国的发展离不开世界，世界的繁荣稳定也离不开中国。中国作为一个负责任的大国，正以前所未有的姿态走向世界中央,建设和治理全人类共同的家园。

(四)设计意图

借助习近平总书记的话,向学生传递人类命运休戚与共,中国与世界紧密相连的信息,让学生知晓积极作为是我们的担当。

(五)教师过渡

接下来就让我们借助"活跃在全球的中国"这样一个主题情境来共同感受中国的担当吧。

二、新课教学

◆ 主题情境:活跃在全球的中国

* * * 情境一 中国态度 * * *

材料一:2018 年 9 月 28 日,印度尼西亚中苏拉威西省发生强烈地震。地震及地震引发的海啸造成 2073 人死亡,造成 680 人失踪、1.07 万人受伤,8.28 万人从灾区撤离。灾难发生后,中国政府、当地中资企业、中国志愿者团体等开展了积极有效的救援工作。中国驻印尼使馆工作人员表示,为帮助印尼应对灾害,中国红十字会灾后即刻向印尼方面提供 20 万美元紧急现汇援助,中国驻印尼使馆也在当地购买了一批灾民急需的生活物资用于赈灾。中国商务部与印尼方有关部门密切沟通,快速备妥援助物资。

材料二:2014 年,西非地区出现来势汹汹的埃博拉疫情。中国政府先后向疫区派出千余名医护人员,并提供多轮援助,为疫情控制做出了突出贡献。

(一)互动探究

1. 说一说:中国为什么要积极开展对印度尼西亚地震的救援工作?

2. 议一议:从援助西非控制埃博拉疫情到救援印尼地震灾难,这两则材料共同说明了什么?

(二)归纳点拨

1. 中华民族有扶危济困、风雨同舟的传统美德;中国积极发扬人道主义精神,体现对生命的珍爱和尊重;展示了中国的责任与担当;等等。

2. 上述两则材料共同反映了面对各种区域性和全球性的危机与难题，中国不推诿、不逃避，也不依赖他人，积极主动地承担起相应的责任。

(三)设计意图

地震灾难来临、疫情急剧扩散等危急时刻，不论受灾是富是贫，中国一视同仁施以援手，让受灾国感动，更让学生感动，这就是伟大的祖国——中国!

(四)教师过渡

面对他国的灾难与危机，中国积极施以援手，这充分体现了中华民族扶危济困、风雨同舟的传统美德，也是对人道主义精神的生动践行。除此以外，中国的积极有作为还体现在哪里呢?

*** * * 情境二 中国身影 * * ***

材料一：中国既是联合国安理会五大常任理事国中派出维和人员最多的国家，又是联合国维和摊款第二大出资国。截至2017年8月31日，中国累计派遣3.6万余人次，参加24项联合国维和行动。多数任务区内冲突不断，疾病肆虐，有的任务区甚至枪支严重泛滥，走私猖獗，绑架、杀人事件高发……维和部队在随时面临死亡威胁的同时，还要承担防爆、护卫、修缮基础设施等维和任务。

(一)互动探究

1. 说一说：中国维和官兵在守护什么?

2. 想一想：中国为什么积极参与联合国安理会维和行动?

3. 议一议：举例说说中国还参与了哪些国际行动。

(二)归纳点拨

1. 世界和平与稳定。

2. 维持和平行动是联合国实现其"维护世界和平与安全"宗旨的重要手段，在国际和平与安全领域起到非常重要的作用。中国是世界上最重要的地区性大国，是安理会五大常任理事国之一，维护世界的和平与安全，是中国重要的外交目标之一。因此，中国参与联合国安理会维和行动是中国作为一个地区性大国、安理会常任理事国应尽的责任和义务，中国全方位参与全球治理，在有关世界和平与发展的各个领域，积极采取行动。

3. 也门撤侨、利比亚撤侨、倡导成立亚投行等。

(三)设计意图

通过展示中国积极参与维和行动、先后组织撤侨等事件，使学生能够深刻感受到中国全方位参与全球治理，在各个领域都活跃着中国人的身影。

(四)教师过渡

今天的中国正致力于全面建成小康社会，“小康路上一个都不能掉队”，这是党和政府对人民的庄严承诺。那么，在带领人民消除贫困走向共同富裕的道路上，我们国家又是怎么积极作为的？

* * * 情境三 中国扶贫 * * *

查找并阅读《中国实施千年发展目标报告(2000—2015 年)》，了解中国在消除极端贫困和饥饿方面为联合国千年发展目标的实现做出的突出贡献。

2018 年《中国政府工作报告》指出：五年来，中国脱贫攻坚取得决定性进展，贫困人口减少 6800 多万，易地扶贫搬迁 830 万人，贫困发生率由 10.2%下降到 3.1%；棚户区住房改造 2600 多万套，农村危房改造 1700 多万户，上亿人喜迁新居……

按现行国家农村贫困标准测算，2018 年年末，全国农村贫困人口 1660 万人，比 2017 年年末减少 1386 万人；贫困发生率 1.7%，比 2017 年下降 1.4 个百分点。据相关数据显示，截至 2018 年年末，全国农村贫困人口从 2012 年年末的 9899 万人减少至 1660 万人，累计减少 8239 万人；贫困发生率从 2012 年的 10.2%下降至 1.7%，累计下降 8.5 个百分点。

据国际货币基金组织(IMF)和世界银行测算，2013 年至 2016 年，中国对世界经济增长的贡献率平均为 31.6%，超过美国、欧元区和日本贡献率的总和，居世界第一位。测算结果表明，2013 年至 2016 年，如果不考虑中国经济的影响，世界经济年均增速将放缓 0.6 个百分点，波动强度将提高5.2%。

(一)互动探究

上述材料反映出什么问题?

(二)归纳点拨

作为世界上最大的发展中国家,中国用有限的资源,在较短的时间内实现经济的快速发展,基本解决了世界上约五分之一人口的温饱问题,让7亿多人口摆脱贫困,这是对世界发展做出的最大贡献。

(三)设计意图

通过了解中国在消除极端贫困和饥饿方面为联合国千年发展目标的实现做出的突出贡献,让学生充分感受到作为一个负责任的大国,中国致力于成为世界和平的建设者、全球发展的贡献者、国际秩序的维护者。

(四)教师过渡

当今世界的发展,需要新思路与大智慧的引领。中国着眼于时代发展大势,遵循共商共建共享原则,为全球治理提供中国方案,贡献中国智慧。

* * * 情境四 中国方案 * * *

材料一:2016年9月,二十国集团(G20)领导人杭州峰会成功举行。面对世界经济长期低迷不振、全球贸易与投资增长缓慢等难题,作为会议主办方的中国提出旨在标本兼治、综合施策的中国方案——构建创新、活力、联动和包容的世界经济,通过创新增长方式,组织更高效的全球经济金融治理和强劲的国际贸易与投资,实现包容和联动式发展。中国式发展方案一经提出受到了与会国家的高度认同,并在会后成为世界发展的新潮流。

材料二:2003年,伊朗核问题演变成一场危机。为解决这一危机,美、英、法、俄、中、德六国就伊朗核问题形成磋商机制,与伊朗谈判。中国建设性地参与了全面协议谈判全过程,为推动解决铀浓缩和制裁解除等难点问题提出了有益的方案和思路。在全面协议达成后,中国又同各方一道,积极开展协议执行准备……

(一)互动探究

1. 谈一谈:针对当今世界经济发展的难题,请你结合材料,谈谈你对中国方案的理解。

2. 说一说:我国还贡献了哪些中国方案?这些中国方案将为解决世界难题带来怎样的影响?

3. 作为谈判的重要一方,中国在伊朗核问题的解决过程中扮演了怎样的角色?贡献了哪些智慧?

(二)归纳点拨

1. 杭州峰会确定的包容增长理念为解决世界经济中的深层次问题,发掘世界经济增长的新动力,开出了一剂"良方",展现了大国风范,显示了中国智慧。

2. 从国际维和到远海护航,从"一带一路"到《巴黎气候协定》,从"中非合作"到"埃博拉"救助,从"亚投行开业"到"亚欧班列"开通……

中国做出巨大贡献,展现大国风范,显示中国智慧;中国着眼于时代发展大势,遵循共商共建共享原则,提出中国方案,贡献中国智慧。

3. 中国在伊朗核问题的解决过程中扮演了协调者的角色。中国在参与调解争端的时候,常常能够在强烈的分歧对抗中,寻找到各方的利益共同点,并引导各方换位思考,巧妙帮助各方化解分歧,直到最终达成各方满意的结果。

(三)设计意图

通过G20杭州峰会提出的中国方案建设性参与解决伊朗核问题等国际重大事项,使学生深刻领悟到中国广泛参与国际事务,并在参与中积极探索、有效行动,发挥了负责任大国的作用。

(四)教师过渡

在积极参与全球治理,主动承担国际责任的过程中,一个国家应该做到的是既尽力而为,又量力而行。我们中国是这样做的吗?

* * * 情境五 中国拒绝 * * *

(一)互动探究

作为负责任的大国，我们要全力帮助其他国家发展。请你辨析这种说法。

(二)归纳点拨

这种说法是片面的。中国的国际担当是基于对自身清醒认识的担当。作为世界上最大的发展中国家，中国的发展任务还很艰巨，还面临着许多困难，因此，中国的担当是符合目前国情的担当，中国为世界的发展做出了力所能及的贡献。

(三)设计意图

通过对情境观点的辨析，使学生懂得我们积极参与全球治理，主动承担国际责任，既尽力而为，又量力而行。

(四)教师过渡

在发展好本国的同时，面对各种区域性和全球性的危机与难题，中国本着尽力而为、量力而行的原则，积极承担国际责任，这才是一个真正负责任的大国。

三、课堂小结

本节课我们学习了中国积极作为的表现，知道中国在国际舞台上积极承担自己的责任，为推动世界和平稳定、繁荣发展，提出中国方案、贡献中国智慧和中国力量，树立了负责任的大国形象。作为国家的一员，我们每个人都要培养自己的责任意识和担当意识，与祖国同呼吸、共命运。

四、教学拓展

从 2020 年 1 月开始，新冠肺炎疫情在全球蔓延。在党和政府的正确领导下，我国国内疫情基本得到了控制。与此同时，我国也积极支持其他国家的抗疫斗争。请你通过网络查阅等途径，了解我国以哪些举措支持其他国家的疫情防控工作，传递战胜疫情的信心。本主题情境教学具有以下三个特点：

1.注重主题情境的选编。因教材内容以多角度并列状形式呈现，执教老师以“活跃在全球的中国”为主题，结合教材内外的素材，编制了“中国态度”“中国身影”“中国扶贫”“中国方案”“中国拒绝”五个小情境，向学生展示了一个组合型的主题情境，避开了故事型主题情境在教学过程中的别扭牵强之感。“要面向丰富多彩的社会生活……组织教学”这一课程标准的提出，意味着教学中所用的主题情境必须来自社会生活，必须是真实的。本课设置的主题情境无疑是做到了这一点，这样的课堂教学自然也更为学生信服。

2.注重辩证思维的培育。在着眼于发展学生思想品德这一主要教学目标外，道德与法治课在教学中同样也需要培育学生的辩证思维。本课通过设置观点“作为负责任的大国，我们要全力帮助其他国家发展”，以此引导学生正确认识中国担当。中国担当不是要大包大揽，而是在发展好本国的同时，为世界做出力所能及的贡献。从思维发展的角度而言，这就是对学生辩证思维的培育，即在教学中要让学生逐步养成全面认识问题的良好思维习惯，这有利于学生适应未来更高层次的学习，更有利于学生形成正确的世界观、人生观和价值观。

3.注重政治认同的落实。李晓东教授认为，政治认同作为政治学科的首要核心素养，其在学生身上的落实，就是要求老师明确中国立场，讲好中国故事。中国从援助西非控制疫情到救援印尼地震灾难到积极参与联合国维和行动，再到一个个中国方案的提出，其实就是一个个为世人刮目的中国故事。通过思考与交流，学生深刻认识到这些故事的背后蕴含着我国改革开放推动着综合国力增强、国际地位提升的伟大成就，蕴含着“一方有难，八方支援”的中华优秀传统美德，蕴含着在经济全球化背景下，一国唱“独角戏”式的发展之路只能是死胡同，必须要守望相助，携手合作，由此引发学生的民族自豪感，涌动起浓浓的家国情怀，激励起学生为实现中华民族伟大复兴中国梦而努力读书的豪迈气概，政治认同学科素养的落实自然就水到渠成。

课时二　与世界深度互动

【课标要求】

本课所依据的课程标准相应部分是“我与国家和社会”中的“认识国情，爱我中华”。对应的具体内容：“学习和了解中华文化传统，增强与世界文明交流、对话的意识。”“了解文化的多样性和丰富性，尊重不同的文化和习俗，以平等的态度与其他民族和国家的人民友好交往。”“认识树立全球观念的重要性，增强为世界和平与发展作贡献的意识和愿望。”

【教材解析】

本框主要帮助学生全面认识中国发展与世界发展的关系。在与世界各国的深度互动中，中国在文化、经济、政治等方面对世界产生深远影响。中国积极致力于构建全球治理体系的探索与实践，以促进世界的和平与发展。世界文明因交流而多彩，因互鉴而丰富，中华文明坚持以我为主，兼收并蓄，在交流互鉴中不断发展。

【学情分析】

九年级学生对中华文明的世界影响力思考不多，对中华文明与世界文明发展的关系认识不全面、理解不深刻，部分学生对民族文化存在盲目崇拜，或者缺乏自信，或者漠不关心等错误的倾向。

【教学目标】

1. 充分认识中国在文化、经济、政治等方面对世界的深度影响。

2. 提高参与到新时代中国特色社会主义建设中去的自觉性和责

任心，培育公共参与的学科核心素养。

3. 树立开放意识和民族意识，增强民族自尊心、自信心和自豪感。

【重点难点】

教学重点：中国对世界文化、经济及世界格局的影响。

教学难点：兼收并蓄、交流互鉴的意义和要求。

【知识体系】

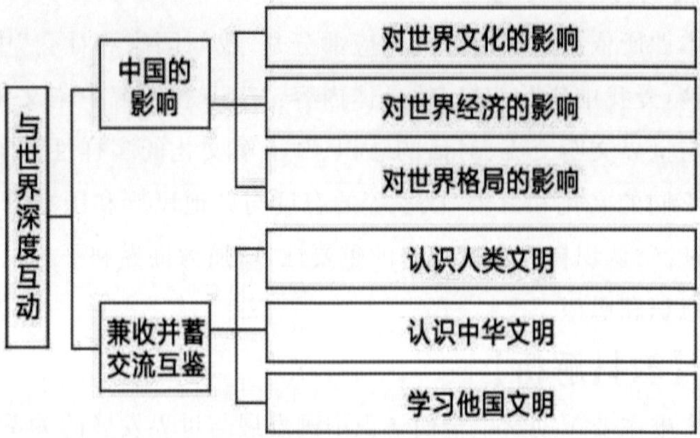

【探究过程】

一、新课导入

（一）呈现材料

2019 年 11 月 5 日至 10 日，第二届中国国际进口博览会（简称“进博会”）在上海举行，希腊作为 15 个主宾国之一参加了本次进博会。据统计，希腊在本次博览会上的成交额比上届增长 2.5 倍。习近平总书记指出，“中国坚定不移扩大开放，愿为包括希腊在内的各国发展带来更多机遇。”

（二）互动探究

希腊为什么要两次参加中国国际进口博览会？

（三）归纳点拨

改革开放以后，中国经济社会的快速发展，对世界的影响越来越大。中国巨大的消费市场对包括希腊在内的世界各国有着很大的吸引力，参加进博会有助于希腊优质产品进入中国，促进希腊经济增长和百姓就业。

（四）设计意图

第二届中国国际进口博览会的举办是2019年我国经济发展中的一件大事，是中国对世界贡献的有力举措，为全球所关注。以此为导入，在激发学生兴趣的同时，引导学生积极关心国家，提升爱国情感。

（五）教师过渡

随着中国对世界的影响越来越大，国际社会越来越关注中国，关注中国的动向和决策，感受中国的发展与进步，中国已经深深融入世界，与世界各国深度互动，分享中国智慧、中国方案。

二、新课教学

◇ 主题情境：中希两国·携手共进

＊ ＊ ＊ 情境一 希腊的“中文热” ＊ ＊ ＊

近年来，希腊人学习中文的热情不断高涨。“几年以前，没人学习中文，现在很多很多人学习中文。”“学中文很时髦。”在希腊军人尼克看来，“中文很有意思，因为中文文字非常漂亮，像画儿一样。学习中文让我了解到了中国文化。我喜欢功夫，我非常喜欢练习武术、太极拳。”

（一）互动探究

1.说一说：在希腊，“学中文很时髦”，这体现了什么？

2.想一想：在国际舞台上，你还感受到哪些中国文化的影响？

3.讲一讲：尼克计划到苏州来旅游，请你推荐一个具有苏州文化特色的景点，并做深度讲解。

（二）归纳点拨

1. 体现了中华优秀传统文化具有旺盛的生命力，体现了中国文化对世界的影响越来越大。

2. 维也纳金色大厅在每年春节期间上演“中国新年音乐会”已成为常态。在第38届世界遗产大会上，中国与吉尔吉斯斯坦、哈萨克斯坦联合申请的“丝绸之路”申遗成功，不仅显示了中国文化遗产的世界价值，更体现了中国文化包容、开放、合作的精神。2018年2月，弘扬中国优秀传统文化的“二十四节气”创意作品与文化习俗交流活动走进了纽约联合国总部等。

3. 苏州古典园林，简称“苏州园林”，是世界文化遗产。拙政园、留园、狮子林等古典园林已列入世界文化遗产名录。苏州古典园林宅园合一，可赏，可游，可居，这种建筑形态的形成，是在人口密集和缺乏自然风光的城市中，人类依恋自然，追求与自然和谐相处，美化和完善自身居住环境的一种创造。

（三）设计意图

通过希腊的“中文热”，让学生认识到随着中国的不断发展，中华文化对世界的影响越来越大。就具有苏州文化特色的景点做深度讲解，既让外国朋友感受中华文化的魅力，又让学生产生民族文化的自豪感，确立起文化自信。

（四）教师过渡

今天的外国人有更强烈的意愿去感受中华文化的魅力，接受中华文化的熏陶。那么，在经济层面，中国对世界的影响又是怎样的呢？

* * 情境二 比雷埃夫斯港的“新生” * *

材料一：播放习近平总书记和希腊总理共同参观中远海运比雷埃夫斯港项目的视频。

比雷埃夫斯港（简称“比港”）是希腊最大的港口，地中海地区重要的集装箱港。受全球金融危机和欧债危机的影响，比港港务局因亏损严重而成为私有化改革的重点。据报道,中远海运集团计划五年内再完成对比港 3.5 亿欧元投资,将其打造成地中海最大的集装箱转运港和海陆联运的桥头堡。比港项目为希腊经济发展做出了实质性的贡献,并为当地创造了大量就业岗位。比港的员工们纷纷表示,比雷埃夫斯港已经成为共建"一带一路"的重要成果,他们感到骄傲和自豪,对比港的未来充满信心。

材料二:据世界银行测算,2012 年至 2016 年,主要国家和地区对世界经济增长的贡献率中美国为 10%、欧盟为 8%、日本为 2%,而中国高达 34%,超过美、日、欧这三个主要经济体的贡献率之和。

(一)互动探究

1. 谈一谈:根据材料一,思考比港能够获得"新生",中国起到了什么样的作用? 除此之外,中国还为世界经济的发展起到哪些作用?

2. 说一说:联系材料一,你认为材料二的数据告诉我们什么?

(二)归纳点拨

1. 通过向国外投资,帮助急需发展资金的国家把握发展机遇。中国向世界其他国家出口物美价廉、丰富多样的日常生活用品;为越来越多的国家提供更多更好的技术和设备等。

2. 中国正为世界经济增长注入新的活力,中国日益成为世界经济发展的引擎与稳定器。

(三)设计意图

中远海运集团的投资使比港获得新生,以此让学生懂得世界的繁荣离不开中国,中国的发展也离不开世界。

(四)教师过渡

中国越富强,世界经济发展就越稳定! 一位外国杂志的主编真诚评论了中国对世界经济发展的影响。然而,中国作为世界格局中的重要力量,其对世界的影响还不仅仅局限在文化、经济等方面,更在构建全球治理体系上进行探索与实践。

＊ ＊ ＊ 情境三 文明古国的智慧贡献 ＊ ＊ ＊

2019 年 11 月 11 日，国家主席习近平在雅典同希腊总统帕夫洛普洛斯会谈。两国元首一致同意，巩固政治互信，深化务实合作，促进文明对话，为推动构建人类命运共同体贡献东西方文明古国的智慧。

（一）互动探究

1. 想一想：在推动构建人类命运共同体的伟大进程中，中国秉持了什么样的思想与观念？请你说说由此产生的影响。

2. 议一议：为构建全球治理体系，中国在积极行动着。请你列举三例中国的积极行动。

（二）归纳点拨

1. 中国秉持“和而不同”的思想以及共商共建共享的全球治理观，倡导国际关系民主化，坚持国家不分大小、强弱、贫富一律平等，使世界向着公平公正、多元共治、包容有序的格局发展。

2. 西非埃博拉疫情暴发后，中国先后向 13 个非洲国家及有关国际机构提供了 4 轮总价值 7.5 亿人民币的紧急人道主义援助、设立亚投行等主要体现发展中国家利益的国际金融机构，设立 200 亿人民币的气候变化南南合作基金，支持其他发展中国家、援建巴基斯坦瓜达尔港等。

（三）设计意图

由两国元首会谈中涉及的构建人类命运共同体，引导学生了解中国秉持的“和而不同”的思想以及全球治理观，并懂得中国为此进行的探索与实践，已得到广泛认同。

（四）教师过渡

在历史发展的长河中，人类创造了各种文明。对于这些不同的文明及其创造成果，我国的态度又该怎样呢？

＊　＊　＊　情境四　古老文明照鉴未来　＊　＊　＊

材料一:图片。

北京天坛

俄罗斯克里姆林宫

埃及狮身人面像

古希腊帕特农神庙

材料二:国家主席习近平在希腊《每日报》发表题为《让古老文明的智慧照鉴未来》的署名文章中写道:"坚持交流互鉴,向全世界展示了伟大古老文明的和合之美。中希关系发展彰显了文明古国在现代社会互利合作的勃勃生机。"

(一)互动探究

1.说一说:在历史发展的长河中,人类创造了各种文明。以上文明成果分别属于哪个国家?如何正确认识图片中的这些文明?

2.讲一讲:举例说明中华文明是如何在交流互鉴中发展的,与其他文明交流互鉴有何作用?

3.议一议:文明因交流而多彩,文明因互鉴而丰富。我们应该如何增强与世界文明的交流?

(二)归纳点拨

1. 这些文明成果分属于中国、俄罗斯、埃及、希腊。这些文明包含着人类在认识世界、改造世界的过程中积累的宝贵经验,是世界各国各民族对人类做出的不可磨灭的贡献。

2. 中华文明是在中国大地上产生的文明,中国积极主动地与世界各国交往,从不同文明中寻求智慧、汲取营养。如唐朝时期朝鲜音乐传入我国,借鉴国外先进科技和管理经验,借鉴国外法律成果,等等。不仅有助于自身文明的发展,而且能够推动世界文明的进步,与其他文明携手解决人类共同面临的各种问题。

3. 我们要学习和借鉴人类文明的一切优秀成果,坚持以我为主,兼收并蓄。对其他文明的学习,我们不能只满足于欣赏物件的精美,更应该领略其中蕴含的人文精神。

(三)设计意图

一图胜千言。通过图片展示各国具有代表性的文明成果,在吸引学生注意力的同时,更能让学生认识到文明是各国各族人民对人类做出的独特贡献。通过列举中外文明互动交流的实例,让学生认识到中华文明是在交流互鉴中发展的。在此基础上,引导学生思考与世界文明交流的要求,最终实现各国文明"各美其美,美美与共"。

(四)教师过渡

如同世界上没有完全相同的两片树叶,各国文明自有其独特性。各国文明只有在相互尊重、相互包容的基础上寻求交流互鉴,才会有持久的生命力,世界文明的大花园里才会姹紫嫣红,春色满园。

三、课堂小结

随着中国的发展,中华文化、中国经济发展对世界产生日益深远的影响;中国推动着构建人类命运共同体的伟大进程,使世界向着公平公正、多元共治、包容有序的格局发展。对待文明要兼收并蓄,交流互鉴。

四、教学拓展

对垃圾进行分类处理,能有效减少垃圾量、节约资源。近年来,我国借鉴德国、加拿大等国生活垃圾分类处理经验,加大解决垃圾处理问题的力度。同时,我国公众的垃圾分类处理意识也明显提高。

请在身边寻找中外文明交流互鉴的事例，并与同学交流分享。

主题、情境、探究这三个基本要素各具特点而又浑然一体，是一节高质量的道德与法治主题情境探究教学课所必须具备的要求。就本课而言，具有以下三个特点：

1. 主题有亮度。俗话说“题好一半文，花香蝶自来。”同理，一个有亮度的主题自然也能为主题情境探究教学的顺利展开打响第一炮。本课的教学话题是与世界深度互动，主要是向学生介绍我国与世界其他国家的交流合作情况。当“中希两国・携手共进”的主题呈现时，为什么是中希两国，而不是大家更熟悉的中美两国？携手共进中，中希两国间会有哪些方面的合作交流呢？这些问题肯定会在很多学生的脑海里浮现，也就引起了学生的好奇心，学生自然就以期待的心情积极参与到教学中来。

2. 情境有厚度。情境是师生合作探究的载体。情境素材可以是一个新闻事件，也可以是一种社会现象，还可以是一段历史脉络，或是一个人物故事等。本课执教老师以国家主席习近平 2019 年 11 月 10 日访问希腊这一重大新闻事件为情境素材，这既很好地突出了学科特点，又与教学内容联系紧密。同时，执教老师对该重大新闻事件进行了深度挖掘，创设了“希腊的‘中文热’”“比雷埃夫斯港的‘新生’”“文明古国的智慧贡献”“古老文明照鉴未来”四个小情境，凸显了情境的厚度。因为只有具备了一定厚度的主题情境才能为师生的探究打开广阔的空间，使课堂教学落到实处。

3. 探究有深度。基于问题的师生互动探究是主题情境展示其价值的必由之路。由情境延伸出来的问题设计，只有历经师生的探究，才能激活学生的思维，让教学充满活力、充满生机，也才有其被利用的功效。在一系列情境问题的引领下，学生充分认识到今天的中国对世界的深度影响，明白了文明因交流而多彩，因互鉴而丰富的道理。

（第十一课参与编写者：钱黎明，吴江区黎里中学）

第十二课　与世界共发展

课时一　中国的机遇与挑战

【课标要求】

本课所依据的课程标准相应部分是“我与国家和社会”中的“认识国情,爱我中华”。对应的具体内容:“了解当今世界发展趋势,知道我国在世界格局中的地位、作用和面临的机遇与挑战,增强忧患意识。”

【教材分析】

本框在教材的定位是起着承前启后的重要作用,既承接了“我们的共同世界”,又为“未来的我们”做好了铺垫。知识间的内在逻辑是复杂多变的国际环境和发展阶段,需要我们抓住机遇,迎接挑战,促进中国新的发展,并且以自身的发展推动世界的前进。

【学情分析】

当今世界,科技进步日新月异,人类面临的共同问题不断增多,国际竞争日趋激烈,对人的思想观念、道德品质和综合素质提出了新的挑战和要求。我国社会主义经济、政治、文化、社会建设都进入了一个新的历史阶段。九年级学生处于学习参与社会公共生活的重要阶段,处于思想品德和价值观念形成的关键时期,培养学生全面客观、辩证地分析国内国际形势的思维方式,学习搜集、处理、运用信息的方法,提高提出问题并解决问题的能力,增强社会责任感和使命感,增强忧患意识,培养爱国热情,就显得尤为重要,迫切需要通过课堂教学主渠道给予正确的引导和有效的帮助。

【教学目标】

1. 了解有利于发展的内部条件，清楚中国发展有利的外部环境，明确国家发展中面临的挑战。

2. 树立全球意识和国家观念，辩证地看待问题，积极适应全球化潮流，增强社会责任感和使命感，增强忧患意识，培养爱国热情，运用智慧，将困难和挑战转化为发展的动力和契机。

3. 培养全面客观、辩证地分析国内国际形势的思维方式；学习搜集、处理、运用信息的方法；提高提出问题并解决问题的能力。

【重点难点】

教学重点：中国当前经济发展中面临的机遇与挑战。

教学难点：正确面对机遇与挑战，抓住机遇，勇于挑战。

【知识体系】

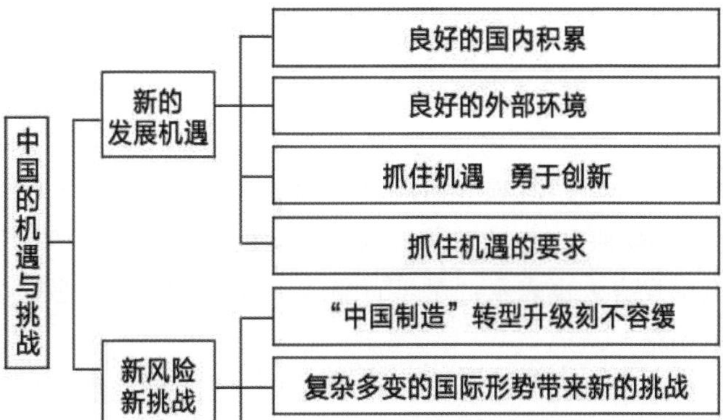

【探究过程】

一、新课导入

(一)播放视频

美国制裁中兴、华为等中国高科技企业。

(二)互动探究

美国为什么要制裁中国高科技企业呢?

(三)归纳点拨

美国对中国的经济制裁是中国在实现中华民族伟大复兴的道路上遇到的挑战之一。发生这一现象的背景之一:中国在改革开放的四十年中抓住了发展机遇,综合国力增强,国际地位提高,创新能力大大增强,使美国感到其世界霸主地位受到了严重的威胁。为此,美国想通过此种方式遏制中国发展。中国该如何应对这一挑战呢?现在就让我们一起来共同探究。

(四)设计意图

以热点事件作为导入,有利于激发学生的学习兴趣。通过背景分析,自然地过渡到本课的学习。

二、新课教学

◇ 主题情境:中美5G战

*** * * 情境一 中美5G战之背景篇 * * ***

此次制裁,美方意图明显且具有针对性。从中兴到华为,美方均剑指"中国制造2025"之5G。面对美国的一系列举动,华为董事长任正非在接受采访时霸气回应:"美国的封锁,不会对华为的5G产生多大影响,别人(包括欧美日韩等发达国家)两三年也追不上。"中国外交部发言人也表示:"对于贸易战,中国不想打、不愿打,但也绝不怕打……"

美国政府如此不择手段封杀中国5G发展的时候,完全追随美国封杀华为的仅有澳大利亚和日本这两个盟国,英国和法国还在"研究之中",而德国则明确表示:很难排斥华为公司!因为在英国和法国的4G网络建设中,华为已占据压倒性优势,而一位德国政府人士则表示:"现在根本不可能将华为拒之门外!"

(一)互动探究

1.议一议:中美5G战,中国带着信心与定力应战。我们的信心和定力来源于哪里?

2. 讲一讲：这么多国家都积极地和中国合作，说明了教材中的哪些观点。

3. 想一想：良好的内部条件加上外部环境，中国是否一定就会发展得更好？

（二）归纳点拨

1. 国内机遇：经过几十年的发展，中国已在资金、人才、技术、管理经验等方面具备良好的积累，为经济发展从“中国制造”向“中国智造”转型奠定了良好的基础。

2. 外部环境：和平、发展、合作、共赢的时代潮流越来越强劲，为中国的发展提供了良好的外部环境。中国的国际影响力在不断提升，在经济合作、全球治理等多个领域发挥的作用越来越大，许多国家为谋求经济的稳定与增长，需要与中国开展深入合作，这使中国在国际合作各个领域获得更大的发展空间，更加有作为。

3. 机遇稍纵即逝。抓住机遇，勇于创新，发展就能再上新台阶；坐等观望，犹豫懈怠，往往错失良机，陷于被动。

（三）设计意图

通过学生对教材内容的查找以及思考，让学生理解我国发展中的良好机遇，也为下一步引出发展挑战做好铺垫。

（四）教师过渡

中国发展过程中的良好机遇，使得我们对打赢 5G 这场没有硝烟的战争充满信心，但我们是否就高枕无忧了呢？除了机遇之外我们是否面临着严峻的挑战呢？

* * * 情境二 中美 5G 战之挑战篇 * * *

2016 年 3 月 8 日，美国以涉嫌违反美国对伊朗的出口管制政策为由对中兴通讯颁布了禁令，禁止美国企业向中兴出售电子零部件、商品、软件和技术，并将中兴列入“特别审查名单”。2018 年 4 月 16 日，美国商务部宣布，将禁止美国企业向中国电信设备制造商中兴通讯出售任何电子技术或通信元件，这一禁令为期长达 7 年，直到 2025 年 3 月 13 日。作为中国最大的电信设备制造商之一，中兴在手机、基站、交换机、路由器等核心产品方面对美国芯片都有很强的依赖性。美国垄断了70%的芯片市场,尤其高端芯片市场,垄断90%以上。在中美贸易战中,中兴公司损失惨重。

(一)互动探究

1.议一议:中国的“无芯之痛”带给我们什么启示?

2.说一说:除此之外,中国的发展还面临着哪些挑战?

(二)归纳点拨

1.“中国制造”在新的历史条件下需要转型升级,掌握核“芯”技术刻不容缓。

2.受全球经济大环境的影响,中国经济面临一定的下行压力和不少困难,几十年高速发展所积累的一些矛盾与风险也逐渐暴露出来,急需得到稳妥处理与解决。国际上局部地区持续动荡、恐怖主义持续蔓延,一些国家因政府更迭而导致政策法规发生变化……这使得中国的海外投资面临不少困难和风险。

(三)设计意图

通过对我国发展面临的挑战,让学生认识到我国的发展机遇与挑战同在,我们必须积极应对。

(四)教师过渡

面对发展机遇与挑战同在的局面,我们应该怎样走出一条属于自己的发展道路呢?

* * * 情境三 中美5G战之对策篇 * * *

由5G战而引发的中美贸易战是危机,但更是契机。出现了问题,我们要积极面对,寻找解决办法。美国的霸道行径已激起我国从上到下发展高技术产业的共识和热情,危机感正促使国内各方面深入研究,加大高技术研发力度。完善人才队伍建设、推动科技创新体制改革。只要我们沉着应对,凝聚各方力量,危机将转化为高新技术产业“凤凰涅槃”的契机。

(一)互动探究

说一说:面对机遇与挑战并存的局面,我国应该如何应对?

(二)归纳点拨

面对机遇:我们要审时度势,顺势而为、赢得主动。挑战与机遇并存,困难与希望同在。纵观国际国内形势,我国的发展仍处于重要战略机遇期。

面对挑战:面对成绩,我们要有忧患意识;面对困难,我们要增强信心,运用自身的智慧,将困难和挑战转化为发展的动力和契机,开创新的局面。

(三)设计意图

通过在新的历史条件下我国转型升级所采取的应对方法和措施,增强学生的忧患意识和责任意识,使学生在情感上得到升华。

三、课堂小结

通过这节课的学习,我们知道了我国面临的机遇和挑战。机遇包括良好的积累为发展奠定了良好的基础,良好的外部环境为国际合作获得更大的发展空间。挑战有中国经济面临一定的下行压力和不少困难、"中国制造"在新的历史条件下需要转型升级和中国的海外投资面临不少困难和风险。同时了解了我国应对风险与挑战的方法和措施。我们要增强忧患意识,为国家的发展做出自己的贡献。

四、教学拓展

美国挥舞着"大棒"两禁中兴,让中国第一次真正地去直面巨大的"无芯"之痛。发展中国芯,振兴中国工业,实现"中国制造"向"中国智造"转型,已经刻不容缓!请同学们以小组为单位制作一份手抄报,内容主要包括以下几个方面:中国芯片发展的现状;如何实现中国芯的发展创新;作为新时代的青少年,你能为中国芯发展做些什么?

(一)设计意图

促使学生将课堂所学的知识和国家的发展相结合,增强忧患意识,培养学生的主人翁意识和使命感、责任感。

(二)专家点评

本节课围绕"中美 5G 战"这一主题情境,分别设计了"中美 5G

战之背景篇""中美5G战之挑战篇""中美5G战之对策篇"三个小情境,以中美5G战为主线,将课本知识有效串联。从"中美5G战之背景篇"引出今天的中国,综合国力不断提升,面临新的发展契机;通过"中美5G战之挑战篇"和"中美5G战之对策篇"引导学生认识到机遇和挑战是并存的,面对国内外的风险和挑战,我们应该审时度势,树立忧患意识,同时也要增强信心,开拓进取。从整节课教学设计与实施来看,具有以下三个特点:

1. 主题情境选择紧扣时事热点。本课题在主题情境选择上紧密联系时事热点,引导学生深入思考,最后由中美5G战而引发的中美贸易战是危机但更是契机的情境设计,强化对学生进行爱国主义教育,践行社会主义核心价值观,教学思路清晰,能够很好地完成教学目标。

2. 主题情境探究培养学生能力。本课题紧紧围绕"中美5G战"展开,以问题链的形式呈现给学生,环环相扣。从问题出发,以学生活动为主体,以情境为主线,以教师为主导,能让学生在探索解决问题的思维活动中掌握知识、发展智能、培养技能。

3. 主题情境教学注重情感升华。对于中国发展面临的机遇和挑战以及如何抓住机遇、迎接挑战这两个问题,学生在现有的知识基础上去认知存在一定的难度,本节课的设计通过中国5G发展这一事件,将抽象的理论与生活实际相联系,便于学生的识记、理解和运用。同时,通过在新的历史条件下我国转型升级所采取的应对方法和措施,增强学生的忧患意识和责任意识,使学生在情感上得到升华。

课时二　携手促发展

【课标要求】

本课所依据的课程标准相应部分是“我与国家和社会”中的“认识国情，爱我中华”。对应的具体内容：“了解当今世界发展趋势，知道我国在世界格局中的地位、作用和面临的机遇与挑战，增强忧患意识。”

【教材分析】

本框主要讲述两个方面，一为要把握世界的发展趋势，从三个方面积极谋求自身发展，提高国际竞争力。二为中国在谋求自身发展的同时，一直坚持合作共赢的理念，分享发展机遇，共享发展成果，合作共赢，共创未来。

【学情分析】

当今世界，科技进步日新月异，人类面临的共同问题不断增多，国际竞争日趋激烈，对人的思想观念、道德品质和综合素质提出了新的挑战和要求。我国社会主义经济、政治、文化、社会建设都进入了一个新的历史阶段。九年级学生处于学习参与社会公共生活的重要阶段，处于思想品德和价值观念形成的关键时期，培养学生全面客观、辩证地分析国内国际形势的思维方式，学习搜集、处理、运用信息的方法，提高提出问题并解决问题的能力，增强社会责任感和使命感，增强忧患意识，培养爱国热情，就显得尤为重要，迫切需要通过课堂教学主渠道给予正确引导和有效帮助。

【教学目标】

1. 了解积极谋求自身发展的原因和措施，清醒地认识到中国发展与世界的关系，把握机遇，迎接挑战，提高国际竞争力。

2. 明确中国在世界发展中的重大责任，感受中国与世界需要共同发展，逐步树立和平发展、互利共赢的理念，培养国际视野、家国情怀和担当意识。

3. 增强全面、客观、辩证看待问题的意识，提高对中国推动自身发展和世界共同发展的重要性的认识能力。

【重点难点】

教学重点：促进发展的措施。

教学难点：积极谋求发展的原因。

【知识体系】

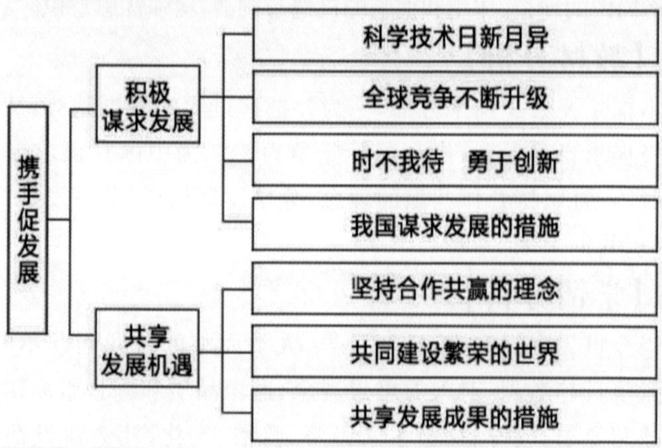

【探究过程】

一、新课导入

（一）播放视频

中国高铁发展成就。

（二）教师过渡

从 2008 年到 2019 年共 11 年时间，打造的高铁总里程达到 2.5 万千米，超过全球其他国家的高铁总和，每年运送的乘客人数达到 17 亿人。让人称奇的是，中国高铁的历程和速度还在不断增长。在汽车、航空和管道运输迅速发展的今天,中国为什么还要致力于高铁的发展,中国高铁在发展过程中还存在哪些问题需要解决?中国高铁的发展对世界有着怎样的意义。今天就让我们带着这些问题一起来共同探究。

(三)设计意图

以祖国发展成就导入新课,同时提出问题,激发学生的学习兴趣。通过问题的设置,自然地过渡到对本课的学习。

二、新课教学

◇ 主题情境:中国高铁的发展历程

* * 情境一 中国高铁的发展历程之背景篇 * *

为了提高列车的运行速度,使铁路适应社会发展,从 20 世纪初至 20 世纪 50 年代,德国、法国、日本等国都开展了大量的有关高速列车的理论研究和试验工作。而我国的铁路事业无论从时间上还是从人力、物力、科研上来讲,都是远远落后的,同其他国家相比,我国的铁路在运营里程、运输效率、技术水准、装备质量等方面相差极远,令人担忧。改革开放以后,国民经济持续高速发展,对于交通运输的巨大需求常常得不到满足,铁路沦落成为“瓶颈”产业。

(一)互动探究

1. 议一议:根据材料,请你简单说一说中国发展高铁的迫切性。

2. 说一说:你能否在教材中找到相对应的知识点?

(二)归纳点拨

1. 提示:学生自由讨论,根据自己的理解回答。

2. 国际角度:当今世界,科学技术日新月异,全球竞争不断升级。

国内角度:时不我待,中国要把握世界发展趋势,积极谋求自身发展,提高国际竞争力。

(三)设计意图

通过自由讨论和对教材内容的查找以及思考,让学生理解我国为什么要积极谋求自身的发展,同时为下一步引出采取哪些措施谋求发展做好铺垫。

（四）教师过渡

从国际形势和自身发展来说，中国高铁的发展势在必行，那么我们应该采取哪些措施促进我国高铁事业的发展呢？

* * **情境二 中国高铁的发展历程之措施篇** * *

2011年，我国高铁产业遭遇了重大挫折。这年2月，当时铁道部多位领导涉嫌严重违纪，之后高铁建设受到影响。7月，发生了震惊中外的"7.23甬温线特别重大铁路交通事故"。这些事件都对我国高铁发展造成了巨大的打击：一是降速，二是银行进一步紧缩、限制贷款，三是严重影响了国际市场对中国高铁的信心。

现在，高铁已经成为中国最闪亮的名片。在新一轮技术革命中，中国如何让自己的高铁名片保持领先优势？未来交通又将如何改变人们的生活？中国工程院院士、中国铁路总公司总经理特别技术顾问何华武表示，未来高铁的发展，势必要往两个方向发展，一是智能化，二是低真空管（隧）道磁悬浮高铁技术。

"三流企业做产品，二流企业做品牌，一流企业做标准。"从世界上里程最长的京广高铁、商业运营速度最快的京沪高铁到横跨亚欧大陆的莫斯科－克山－叶卡捷琳堡高铁，中国高铁已经逐步取代了"欧标"和"日标"，在2016年9月的第三十九届国际标准化组织大会上，中国标准正式被确定为世界通用标准。

（一）互动探究

1.想一想：我国高铁事业在快速发展中遭遇的重大挫折，启示我们应该把什么放在发展的首位？

2.议一议：未来高铁的发展，为什么要与人工智能等全球技术创新与新兴产业相联系？中国高铁标准正式被确定为世界通用标准，说明我国参与了什么的制定？为什么？

（二）归纳点拨

1.要把提升发展质量放在首位。

2.促进发展，要积极寻求新的经济增长点。中国正努力抢占全球技术创新与新兴产业的发展制高点，培育壮大经济发展新动能。

参与全球规则的制定。

这有利于我国在国际竞争中掌握话语权,保障对外经贸利益,进一步拓展国际市场。我国正积极表达、多方参与,通过全球规则的制订和修改推动建立国际经济新秩序。

(三)设计意图

学生通过对高铁发展过程中的经验和教训的总结,结合书本知识进行归纳,从而总结出中国促进自身发展的相关措施,便于学生理解本课重点。

(四)教师过渡

中国高铁的发展也是中国经济的发展,高铁发展过程中的经验和教训,给中国促进自身发展提供了宝贵的经验。随着中国高铁走出国门,中国的朋友圈扩大了,中国与世界共享发展机遇!

* * 情境三 中国高铁的发展历程之共享篇 * *

2015 年 6 月 18 日,在中俄投资合作委员会第二次会议框架下,由中国中铁二院工程集团有限责任公司参与投标的俄罗斯首条高速铁路莫斯科至喀山段工程勘测的规划设计合同在圣彼得堡正式签署,成为中国高铁走出国门的第一单。莫斯科至喀山段高铁是北京至莫斯科高铁运输线的一部分,这一区段的高铁建设对打通欧亚高速运输通道有着长远的意义,亦能推动中俄双方运输物流产业发展,带动沿途制造业、能源等多领域的交流互动,有利于实现互利共赢。

(一)互动探究

1. 议一议:中俄高铁建设所带来的效益,体现了中国在全球发展中秉持怎样的理念?

2. 找一找:在教材中,你还能找到哪些中国与世界各国共享发展机遇的表现?

3. 说一说:你还知道哪些中国与世界各国共谋发展的措施?

(二)归纳点拨

1. 中国在谋求自身发展的同时,坚持合作共赢的理念。主张在全球发展中要集思广益、各施所长、各尽所能,让发展的成果更多更公平地惠及各个国家。

2.中国重视与相关国家和地区间的合作，致力于共同建设一个繁荣的世界。

3.中国与世界各国分享发展机遇，共享发展成果。中国人民愿同各国人民一道，共同开辟人类更加繁荣、更加安宁美好的未来。

（三）设计意图

通过学生对现有认知与教材知识的结合，便于学生理解中国促进世界共同发展的各项举措。

三、课堂小结

通过本课时的学习，我们了解到当今世界科学技术日新月异，国家与国家之间的竞争日益激烈。时不我待，中国要把握世界的发展趋势，积极谋求自身发展，提高国际竞争力。中国正在加快建设制造强国的步伐，发展先进制造业，推动传统产业优化升级，从而进一步提升我国在全球分工中的地位。同时，我国正积极表达、多方参与，通过全球规则的制定和修改推动建立国际经济新秩序。

中国在谋求自身发展的同时，一直秉持合作共赢的理念，主张在全球发展中要集思广益、各施所长、各尽所能，让发展的成果更多更公平地惠及各个国家。中国充分考虑相关合作国家和地区间的实际利益，互信互利、取长补短。

四、教学拓展

请同学们以小组为单位制作以“一带一路”为主题的手抄报。主要有以下内容：“一带一路”连接了哪些国家；“一带一路”的建设给沿线国家带来了哪些变化；作为青少年，你可以从哪些方面为“一带一路”的发展做贡献。

（一）设计意图

通过小组合作制作手抄报，帮助学生明确中国在世界发展中做出的巨大贡献，逐步树立和平发展、互利共赢的理念，培养国际视野、家国情怀和担当意识。

（二）专家点评

本节课围绕“中国高铁的发展历程”这一主题情境，设计了“中国高铁的发展历程之背景篇”“中国高铁的发展历程之措施篇”“中国高铁的发展历程之共享篇”三个小情境，以中国高铁发展为主线，将教材知识有效串联。从“中国高铁的发展历程之背景篇”引出我国要把握世界发展趋势，积极谋求发展；通过“中国高铁的发展历程之措施篇”和“中国高铁的发展历程之共享篇”来引导学生增强全球观念，把为世界和平与发展作贡献的意识和愿望落实到具体行动中。从整节课教学设计与实施来看，具有以下三个特点：

1. 主题情境结合教学目标。一切教学方式和手段都应服务教学目标。本课在主题情境设计上具有鲜明的时代特征，把热点素材呈现在学生面前，拉近了课堂与学生的距离，有效增强了亲切感与真实感，便于学生认知；同时，通过中国高铁的发展历程让学生在感受祖国变化中理解和记忆知识，更好地解决教学重点难点问题，构建高效课堂。

2. 主题情境创设符合学情。主题情境教学应让学生充分参与和体验。本课在主题情境的设计上与学生的已有知识与经验相适应，问题预设具有启发性，能使学生在分析材料的过程中深刻体会国家蓬勃发展的良好态势，提升民族自豪感、自信心。

3. 情境解决问题导向明确。本课在情境问题的实施上通过中国高铁的发展历程创设了三个小情境，并以问题链的形式呈现在教学活动中，让学生找出中国高铁发展中面临的问题及解决问题的对策，并结合教材知识架构知识体系，有利于拓展学生知识视野，提升分析、解决社会现实问题的能力。

（第十二课参与编写者：吴斌，吴江区盛泽第二中学）

第七单元　走向未来的少年

第十三课　少年的担当

课时一　走向世界大舞台

【课标要求】

本课所对应的课程标准相应部分一是“成长中的我”中的“认识自我”。对应的具体内容:“主动锻炼个性心理品质,磨砺意志,陶冶情操,形成良好的学习、劳动习惯和生活态度。”本课所对应的课程标准相应部分二是“我与国家和社会”中的“积极适应社会的发展。”对应的具体内容:“知道责任的社会基础,体会承担责任的意义,懂得承担责任可能需要付出代价,知道不承担责任的后果,努力做一个负责任的公民。”

【教材分析】

本框引导学生在走向世界大舞台的过程中,以开放的心态与世界交往,不断丰富自己的经历,拓宽自己的视野。与此同时,要学会交往、善于交往,知道交往是相互的,在自我与外界交往的过程中,全面提升个人素养,为人类的发展做出自己的贡献;明确个人贡献与世界发展的关系,增强为中国进步、世界发展贡献智慧的责任感。

【学情分析】

在经济全球化背景下,我国改革开放不断推进,我们与世界的交往领域越来越多样,形式也越来越丰富。在这个过程中,中学生需要充分认识中国在世界舞台上的地位，准确把握中国与世界的互动关系。这也是开放的中国对青少年提出的要求。

【教学目标】

1. 具有国际视野与情怀，主动融入世界、关心世界；自觉增强社会责任感。

2. 能够正确认识个人与世界的关系，不断自我提升，在交往中逐渐为国家乃至世界承担起更多的责任；理解青少年具有国际视野和情怀的意义。

3. 知道青少年与世界的联系越来越密切，走向世界的形式越来越多样；通过自身努力，积极为世界增添光彩。

【重点难点】

教学重点：正确认识个人与世界的关系，不断自我更新，在交往中逐渐为国家乃至世界承担起更多的责任。

教学难点：自觉增强社会责任感。

【知识体系】

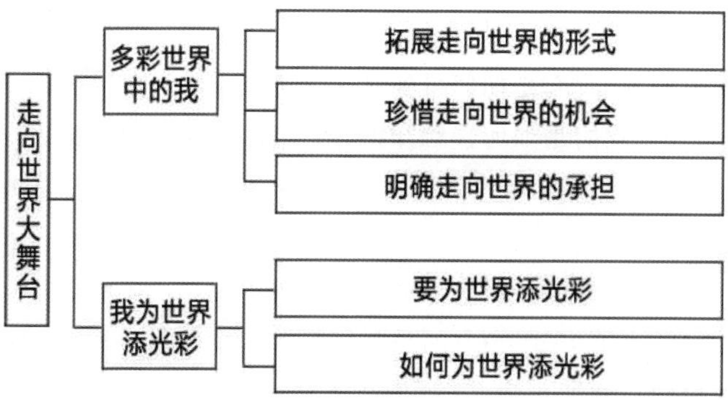

【探究过程】

一、新课导入

书籍是人类进步的阶梯。读一本好书，就是与许多高尚的人对话。

教师过渡：青少年时期是读书的最好年华。

二、新课教学

◇ 主题情境:最是书香能致远

*** * * 情境一 读万卷书 * * ***

七年级必读书目:《繁星·春水》《爱的教育》《伊索寓言》《安徒生童话》《我们没有富爸爸富妈妈》《上下五千年》《男生贾里》《女生贾梅》《童年》《鲁滨逊漂流记》《昆虫记》《世界五千年》《小鬼鲁智胜》《花季·雨季》《唐诗三百首》《老人与海》。

八年级必读书目:《朝花夕拾》《骆驼祥子》《钢铁是怎样炼成的》《呐喊》《边城》《假如给我三天光明》《契诃夫短篇小说集》《福尔摩斯探案集》《西游记》《海底两万里》《名人传》《三国演义》《彷徨》《聊斋志异》《欧·亨利短篇小说集》《莫泊桑短篇小说选》。

九年级必读书目:《傅雷家书》《水浒传》《培根随笔》《儒林外史》《哈姆雷特》《平凡的世界》《格列佛游记》《简·爱》《泰戈尔诗选》《红楼梦》《论语》《威尼斯商人》。

(一)互动探究

1.聊一聊:聊聊你在学龄前、小学、初中曾经读过的、记忆深刻的三本书。

2.想一想:我们是如何得到这些书的?

3.思考:我们是如何接触知识、融入社会、走向世界的?

(二)点拨归纳

1.略。

2.得到书的方式多样,如购买,借阅等。

3.在父母的引导下,开启认识世界的第一扇窗,迈出了探索世界的第一道门。我们走出家门,步入学校,逐步融入社会,走向更加广阔的世界。世界是多彩的,我们走向世界的形式是多样的。

(三)设计意图

从学生接触知识、触摸世界的方式变化中,让学生明白我们随着年龄的增长,与世界的交往会越来越多。

（四）教师过渡

读书不分时间、地点。

* * * 情境二 识万般人 * * *

前不久，在武汉“方舱医院”，一位年轻人躺在病床上专心看书的照片走红。他是武汉大学材料物理专业毕业的学生付小锋。从武大博士毕业后，他前往美国深造。目前，他是一名博士后，在佛罗里达州立大学教书，研究方向是高分辨冷冻电镜。而说起他的“走红”，是因为他在病床上手捧一本《政治秩序的起源：从前人类时代到法国大革命》的书，镇定自若、心无旁骛地阅读。同时书籍的作者、著名学者弗朗西斯·福山也在推特上转发相关新闻，让更多人从一个人身上看到了一座城市的希望。

令人感动的是，“读书哥”出舱时，一位病友的全家都未出院，他就对病友许下承诺，帮忙照顾病友家出院的15岁小病友。

（一）互动探究

1.谈一谈：《政治秩序的起源：从前人类时代到法国大革命》的作者、著名学者弗朗西斯·福山在推特上转发了方舱医院内“读书哥”的照片及相关新闻。请你谈谈这样一个转发行为，对“读书哥”有何价值？对武汉有何意义？

2.写一写：请你在弗朗西斯·福山的推特下面留言。

3.做一做：从弗朗西斯·福山对“读书哥”的关注，到“读书哥”对病友的承诺，说说我们应该如何进行交往？

（二）点拨归纳

1.珍惜走向世界（交往）的机会。

在走向世界的过程中，我们经历越来越多的事，遇见越来越多的人。我们会与世界各地不同国家、不同种族、不同文化背景的人交往。我们要珍视每一次交往的经历，努力建立起彼此之间的协作关系。

2.明确走向世界（交往）的承担。

我们在交往中探索世界，彼此守护，共同成长。我们学会关爱，相互理解，赢得尊重，获得成长力量。面对困难时，我们勤于沟通，真诚合作，更加理性、智慧地解决问题。我们一路历练、成熟，不断自我更新，逐渐为国家乃至世界承担起更多的责任。

3. 我们要为世界添光彩。

(1)我们与丰富多彩的世界紧密相连，始终与这个世界彼此互动，同呼吸、共命运。

(2)每个人都是这个世界中的一员，所做的事情都有可能对世界发展产生影响。

(三)设计意图

通过"读书哥"的行为引导学生多读书。通过弗朗西斯·福山对"读书哥"的关注、对武汉的关注，引导学生培养世界眼光。通过弗朗西斯·福山对"读书哥"的关注以及"读书哥"对病友的承诺，使学生学会交往、珍惜交往、承担责任。

(四)教师过渡

书籍是我们进步的阶梯。

*** * * 情境三 行万里路 * * ***

如推荐:《世界是通的:"一带一路"的逻辑》(2016 中国好书)书中写道:世界是平的，这可能是我们时代最大的错觉。其实，贫富差距、民心不通，乃各国所面临的紧迫挑战;全球化，成为我们时代的想当然。所谓的全球化更多的是沿海地区与发达群体的"部分全球化"。今天，现代化人口规模从起初欧洲的千万级、美国的上亿级，向新兴国家的几十亿级迈进，单靠欧洲所开创的航线、美国所确立的规则，早已无法承载。

在这种时代背景下，中国提出"一带一路"伟大倡议，可谓古丝绸之路的中国化、时代化、大众化，堪称第二次地理大发现，体现中国崛起后的天下担当。同时也预示着，文明的复兴而非单向度的全球化才是世界大势所趋。以政策沟通、设施联通、贸易畅通、资金融通、民心相通"五通"所代表的互联互通，才是塑造人类命运共同体的根本，才能推动实现真正的"包容性全球化"，让全球化普惠而均衡，并落地生根，不仅为中华民族伟大复兴规划路径，而且推动更多国家脱贫致富，开创21世纪地区与国际合作新模式。

(一)互动探究

1. 讲一讲：请你推荐一本能有助于我们走向世界的书，并讲一讲你的推荐理由。

2. 议一议：我们青少年应该如何为中国走好“一带一路”做出自己的贡献？

(二)点拨归纳

1. 略。

2. 我们要从普通的事做起，通过自身的努力为人类发展和世界进步贡献智慧和力量。

着眼未来，我们要适应世界发展的趋势，全面提升个人素养：不断丰富知识储备，增强人文底蕴；树立科学精神，掌握科学的思想与方法；增强社会责任感，学会观察、思考各种社会现象，积极参与社会实践活动，培养实践创新能力。

(三)设计意图

通过推荐，使学生萌发自我素养提升的意识和方向。通过材料，使学生明确世界格局下提升素养的要求。

三、课堂小结

学会交往、珍惜交往、承担责任、提升素养。

腹有诗书气自华，最是书香能致远。

四、教学拓展

阅读《政治秩序的起源：从前人类时代到法国大革命》《世界是通的：“一带一路”的逻辑》(2016中国好书)等书或你喜爱的书，写一则读书随笔。

走向世界大舞台的中学生，这样的角色定位似乎离课堂里的学生有点距离。但走向世界大舞台是时代发展的要求，是每一个中学生都要面对的。这份教学设计的主题情境选材和探究活动的设计，没有直接阐述中学生该如何与世界交往，如何为世界添光彩，而是选择了主动关心世界的发展方式，让学生懂得与世界交往的意义，明确要为世界添光彩做好充足的准备。

1. 一份愿望。整个主题情境的设计都是围绕着读书展开的，所有的探究活动都是为了让学生更深入地阅读构建的，表达出主讲教师的一份美好愿望，引导学生多读书。

2. 两本好书。教师在无形中推荐了《政治秩序的起源：从前人类时代到法国大革命》《世界是通的："一带一路"的逻辑》这样两本好书。作为走向世界大舞台的中国青少年，要努力去尝试，去阅读。学生在书与人、书与世界的关系中，在读好书中寻找自我。

3. 三层境界。整个课时设计是从读万卷书走进书中，到识万般人走出书外，再到行万里路的走向世界，逐步逐层地构筑起三层境界，用情、用理、用行诠释"腹有诗书气自华，最是书香能致远"。

课时二　少年当自强

【课标要求】

本课所对应的课程标准相应部分一是“成长中的我”中的“认识自我”。对应的具体内容:“主动锻炼个性心理品质,磨砺意志,陶冶情操,形成良好的学习、劳动习惯和生活态度。”本课所对应的课程标准的相应部分二是“我与国家和社会”中的“积极适应社会的发展。”对应的具体内容:“感受个人成长与民族文化和国家命运之间的联系,提高文化认同感、民族自豪感,以及构建社会主义和谐社会的责任意识。”

【教材分析】

本框引导学生确立个人命运与国家命运息息相关、个人未来与国家未来紧密相连的观念,在实现中华民族伟大复兴中国梦的征程中有所作为;学会用唯物史观看待历史,知道在中华民族发展的不同历史时期,青少年要依据不同的际遇谋划人生,创造历史;青少年要锤炼本领,在为祖国做贡献的同时,承担起推动人类共同发展的责任。

【学情分析】

中国特色社会主义进入新时代,这是我国发展的新的历史方位。当代青少年的成长正处于实现中华民族伟大复兴中国梦的关键时期。当代中学生要树立以国家发展为己任的信念,认识到个人发展、个人价值的实现与国家发展之间的关系,充分理解实现个人梦想与实现中华民族伟大复兴的中国梦之间的关系。

【教学目标】

1.具有爱国情怀、忧患意识、责任意识,主动承担时代赋予的责任;认同少年强则国强,坚定为实现中国梦而努力奋斗的决心。

2.结合中华民族的伟大复兴,学会确立自己的远大志向,提高个人与祖国共成长的参与能力;结合中国在世界上的地位和作用,培养自己的国际视野,提高自己融入世界的能力。

3.知道世界发展趋势对青少年提出的要求,理解青少年全面提高个人素养的意义;知道青少年要从小立大志,理解少年强则国强,明白当代青少年的历史责任是时代赋予的。

【重点难点】

教学重点:结合中华民族伟大复兴的中国梦,学会确立自己的远大志向,提高个人与祖国共成长的参与能力。

教学难点:具有爱国情怀、忧患意识、责任意识,主动承担时代赋予的责任。

【知识体系】

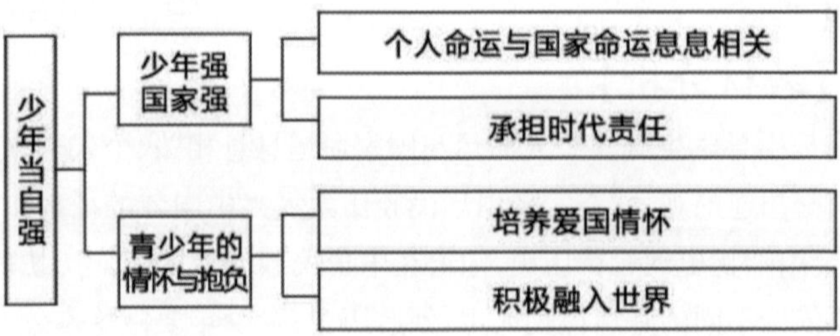

【探究过程】

一、新课导入

什么是自强?自强就是通过自身不断的努力,去取得一定的成就。百年前的中国,积弱积贫。中华人民共和国成立以来,通过一代又一代人的努力,中国变得越来越强大。世界能够记住我们的是中国已经崛起!

少年为什么要自强?我们个人的命运与国家的命运息息相关;青年兴则国家兴,青年强则国家强。今天,我们就一起来认识几颗

"最亮的星",因为他们的努力、他们的强大,让世界记住了中国。

教师过渡:自古英雄出少年。

二、新课教学

◇ 主题情境:群星耀中华

* * * 情境一 超导巨星的"情怀" * * *

我国"量子之父"潘建伟院士,第一次在《Nature》上发表论文,是1997年,那时他27岁;我国生物学领军人物施一公,第一次在《Nature》上发表论文,那是在1999年,当时他32岁;曹原登上《Nature》时,仅仅22岁,还一次性当天就发表了两篇论文,居"2018年度影响世界的十大科学人物"之首,解决了107年的世界难题。面对全世界的赞誉和邀请,曹原只说了一句话:"我是一个中国人,我学成以后要回到中国的。"

(一)互动探究

1.读一读:你从中读出了怎样的情怀?青少年为什么需要培养这种情怀?

2.说一说:请找出一位具有这种情怀的历史人物,并说说他的故事。

3.做一做:他们的这种情怀对于我们青少年有何启示?

(二)点拨归纳

1.爱国情怀。青少年承载着国家和民族未来的命运。青少年的品格影响着国家和民族未来的发展。

2.略。

3.青少年要传承、弘扬中华民族优秀传统文化,增强爱国情感,弘扬民族精神和时代精神,践行社会主义核心价值观,并将其转化为自己的情感认同和行为习惯,做有自信、懂自尊、能自强的中国人,成为中华民族的栋梁。

(三)设计意图

以"超导巨星"曹原的一句话,引出在走向世界时,青少年应该培养并具备的情怀。

(四)教师过渡

不负青春,未来可期,以梦为马,不负韶华。

*　*　*　情境二　改革先锋的“远见”　*　*　*

随着莫高窟的对外开放，一年数百万游客的参观令狭小的洞窟和脆弱的壁画不堪重负。“可是不让看不行，看坏了也不行。”樊锦诗夜夜难眠，真担心有一天从梦里醒来，莫高窟不见了。每想到这些，她都会来到涅槃佛身边，随他一起思考。

（一）互动探究

1. 辩一辩：在文物保护与文化传播之间何去何从？

2. 玩一玩：数字敦煌是樊锦诗三十年的心血。教师（让学生操作）用手机扫码进入数字敦煌，借助多媒体进行投影。

世界遗产委员会的高度评价：“莫高窟以非凡的远见，展示了有效的遗产地旅游管理方法，以保护遗产地的价值，树立了一个极具意义的典范形象。”

3. 讲一讲：你能说出关于樊锦诗和她的“数字敦煌”在文物保护、文化传播方面多少条“非凡的远见”。

（二）点拨归纳

1. 立足国际，对青少年在提高个人素养方面的具体要求。

走向世界的中国青少年需要了解人类文明进程，积极关切人类问题和世界局势，掌握相应的知识，在与世界各国青年交流中提高我们的影响。同时，要有忧患意识，居安思危，在世界复杂多样的环境中提高改变世界的素质和能力。

2. 立足国际，对青少年在行为方面的具体要求。

我们生活的世界充满希望，也充满挑战。我们不能因现实复杂而放弃梦想，不能因理想遥远而放弃追求。“国之交在于民相亲”，民相亲要从我们做起。我们要尊重差异、理解不同、包容多样文化，向国际社会传递中国声音、讲好中国故事、展现中国风貌，成为连接中国与世界的纽带，承担起推动人类共同发展的责任。

（三）设计意图

通过对“敦煌女儿”樊锦诗在文化保护与文化传播何去何从的积极思考探究，引出在走向世界时，少年当自强，青少年在提高个人素养方面的具体要求，以及其在行为方面的具体要求。

（四）教师过渡

青春年少，一切皆有可能。

* * * 情境三 焊工双星的“担当” * * *

李万君、谢元立是中车集团的焊接工人。前者擅长用手焊接，后者擅长用操作机械手焊接，两人不断攻坚克难为中国高铁保驾护航。无论是在中国还是世界的高铁焊接领域，这都是叫得响的两个名字。

谢元立，觉察到使用焊接机械手会是未来焊接发展的趋势，他开始搜集资料，琢磨计算机编程，从零起步学英语……最后，完成了大部分车型的侧梁焊接程序的编制，为中国高铁一线工人编制大型焊接程序开了先河。

李万君，在长春市焊工大赛上夺冠那年，他 29 岁，是比赛中最年轻的选手。他总结并制定了 30 多种转向架焊接规范及操作方法，攻关 150 多项技术，其中 31 项获得国家专利。

从无名小卒到一代焊接大师，李万君、谢元立仍然奋斗在一线，这或许是对祖国最真挚的献礼。

（一）互动探究

议一议：李万君、谢元立的人生之路带给我们青少年怎样的启示？

（二）点拨归纳

我们个人的命运与国家的命运息息相关，个人的未来与民族的未来紧密相连。青年兴则国家兴，青年强则国家强。青年一代有理想、有本领、有担当，国家就有前途，民族就有希望。青少年的责任是时代赋予的，不同的历史时期有不同的责任。每一代青少年都要在自己所处的时代条件下谋划人生、创造历史。我们正处在追逐梦想、实现梦想的新时代，实现中华民族伟大复兴的中国梦，需要一代又一代的有志青年接力奋斗。

（三）设计意图

通过比较分析李万君、谢元立的人生之路，引出个人命运与未来和国家命运与未来息息相关，引出对承担责任的青年人提出的具体要求。

三、课堂小结

每当我找不到存在的意义，每当我迷失在黑夜里，夜空中最亮的星，请照亮我前行。拥抱情怀，灵魂有了归宿；高瞻远瞩，前行有了方向；勇于担当，自强就有了力量。愿大家做有情怀、有远见、有担当的少年，志存高远、脚踏实地、勇立潮头，让自己逐渐强大起来。少年强则中国强。

四、教学拓展

寻找夜空中最亮的星。带着情怀、登高望远，把大家此时此刻的所思所想以及对自己人生的谋划期待，把这份"担当"写在书签上，夹在你最爱读的那本书中，激励给未来每一天的自己。

毕业之际，面对升学或就业，需要学生做出很多选择和思考。面对国家进步、世界安宁，需要学生做好准备，迎接挑战，承担责任。主题情境"群星耀中华"，让学生在情感中渗透知识，在情境中悟理，在探究中提升思维能力。

1. 在情感中渗透知识。素材选取"超导巨星"曹原，"改革先锋"樊锦诗，"焊工双星"李万君、谢元立等，各行业各阶层榜样的事迹，使在师生情感的交融中突破了教学重点难点，进一步升华学生的情感，使其内化成自身的责任感、使命感。整节课弘扬了社会主义核心价值观，落实了立德树人的根本任务。

2. 在情境中悟理。本课题的教学设计逻辑清晰，目标导引合理规范。教师对教材的内容做了细微调整和精心加工,通过主题情境“群星耀中华”开展学习,“超导巨星”的“情怀”→改革先锋的“远见”→焊工双星的“担当”三个小情境紧密关联,层层相扣,引发学生共鸣与思考,突破了本课的关键“如何当自强”,要有爱国情怀、忧患意识、责任意识,要积极融入世界、主动承担责任。

3.在探究中慎思。互动探究栏目为学生搭建了开放的交流平台,拓展了学生的思维能力。教师的点拨归纳来源于教材又高于教材。如情境三中的设问启人心智,在思维的碰撞中,他们的理性精神和价值观都得到了锻炼和提升。最后的落脚点为制作书签,激励未来每一天的自己,真正实现了知、情、意、行的统一。

(第十三课参与编写者:严丁华,吴江区江陵实验初中)

第十四课 我的毕业季

课时一 学无止境

【课标要求】

本课所依据的课程标准相应部分"成长中的我"中的"认识自我"。对应的具体内容:"正确对待学习压力,克服厌学情绪和过度的考试焦虑,培养正确的学习观念和成就动机。"

【教材分析】

本框针对九年级学生面临的学业和考试压力及未来可能的不同发展道路设置,引导学生积极面对学习压力,正确认识学校学习和在各类实践中学习的关系,培养终身学习的理念,增强终身学习的能力。

【学情分析】

九年级学生面临初中毕业,站在人生的转折点,面对未知的未来,学生普遍感到彷徨与担心;面对日益增加的学习任务和学习压力,多数学生感到紧张与焦虑,有些学生的心理压力甚至已经严重影响他们正常的学习和生活,而有些学生则认为离开了学校也就不需要再学习了。基于以上学情,教材设计本框,目的在于让学生理解无论未来做出何种选择,学习都是永无止境的。学习不仅在学校中,还在社会生活实践中;学习不只是阶段性任务,而是终身事业。九年级学生需要紧跟时代发展的步伐,不断学习。

【教学目标】

1. 知道面对学习压力产生的正常心理现象;知道学习是一个长期过

程;理解在实践中学习的重要性及终身学习理念,理解学习的意义。

2. 树立终身学习理念,能够坦然面对学习压力;认同学习的意义以及在实践中学习的重要性,从而形成积极参与社会实践的意识,在实践中学习、服务社会。

3. 能够辨析一些错误的学习观和社会现象;能够主动学习,掌握学习的基本路径,并会选择合适的方法缓解压力。

【重点难点】

教学重点:坚持在实践中学习。

教学难点:坦然面对学习压力及掌握缓解方法。

【知识体系】

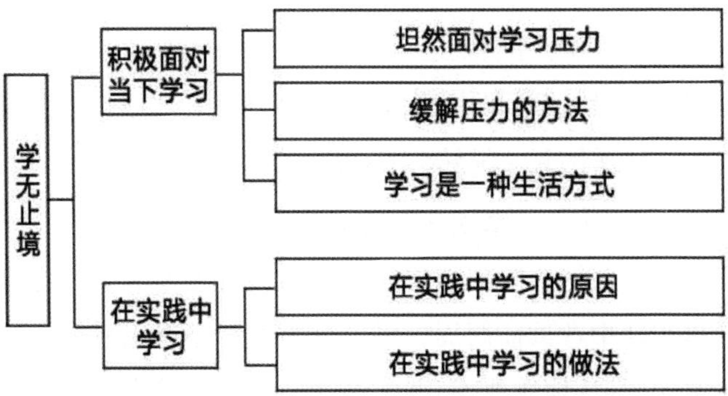

【探究过程】

一、新课导入

(一)课前准备

学生中传阅《景观·观景》一书。

(二)教师介绍

该书作者为苏州中学地理老师蔡明,她的镜头记录了冰川、雨林、秘境、原始部落,并将其汇集十大专题、12 篇考察笔记、500 多幅精美绝伦的地理景观图片。该书不同于一般的旅行笔记,书中凝结了她对大自然的深爱,对景观善意、诗意和理性的解读。蔡老师说,在被她称为考察旅行的 30 年里，她的思考和感悟最终凝结成了《景观·观景》一书。

(三)设计意图

用苏州名师近期热门的新书导入，探险的经历、精美的照片可以吸引学生，激发其探究兴趣，引出研学旅行的主题。

(四)教师过渡

蔡老师不仅自己旅行考察，还鼓励学生走出课堂，走进大自然。她曾亲自带领学生在太湖三山岛综合野外考察。让我们一起跟随这个团队去学习吧。

二、新课教学

三山岛野外考察小组就这一主题进行研究，他们不仅观察到许多现象，还思考了一些社会问题。现请你参与其中，和他们一起整理探究。

◇ 主题情境：玩转三山岛　学习无止境

*　*　*　　情境一　出发前的焦虑　　*　*　*

蔡老师带领的团队计划前往三山岛进行为期三天的考察活动，活动安排在期中考试前两周。每班分为四个小组，组内商讨选择三天的研究课题(从地质地貌、水质、植物、动物、人文等 12 个课题中选择)，然后制订计划，记录下每位同学的意见，整合成课题的研究方案。考察结束后同学们还要完成调查报告的填写和各类岩石、化石标本的整理等后续工作。有的同学觉得考察活动和考前复习冲突，有些紧张和焦虑；有的同学被分到做研究方案的整合工作，感到烦躁、无从着手。

(一)互动探究

1. 说一说：同学们出现的焦虑、担心、无所适从这样的现象，你有过类似经历吗？你觉得是什么原因引起的？

2. 议一议：你怎么看待这种情况？

3. 讲一讲：你通常是如何来缓解学习压力的？

（二）归纳点拨

1. 有。这些焦虑、担心是因为即将面临的考试，还有学习活动中遇到的困难，让同学们产生了压力。原因：九年级对学习方法、学习能力和学习品质提出了更高的要求；要迎接升学、就业的挑战；等等。

2. 这是一种正常的心理现象，大家都会有，我们要坦然面对。（在学生回答的基础上，教师展示学习压力"倒 U"曲线图，表明适度的压力和焦虑有利于提高学习效率）

3. 提示：每个人都有自己的调适方式，结合自身情况进行分享。缓解压力的方法通常有转移注意、深呼吸放松训练、自我暗示、保持适度紧张等。

（三）设计意图

从学生常见的学习生活中的焦虑状态入手，可以引发其共鸣。问题设计层层递进，让学生在讨论中学会缓解压力，调节状态。

（四）教师过渡

刚才同学们谈到了保持适度紧张有助于学习，确实，我们的学习和成长需要一定的紧张度和保持自己的节奏。下面让我们一起来学习、思考蔡老师的成长故事。

＊　＊　＊　情境二　故事里的思考　＊　＊　＊

前往三山岛的路途中，蔡老师也向同学们讲述了自己的成长故事，她的成长节奏是非常紧凑的。15 岁在苏州中学读书，20 岁在苏州中学任教，36 岁被评为地理特级教师，40 岁晋升正高职称，50 岁晋升二级正高。在执教的第三年，蔡老师就开始进行个人研学考察计划，利用寒暑假和其他节假日进行自费旅行考察，拍摄地貌景观，一直坚持了 30 年。

蔡老师认为，地域的自然背景，通过自然要素之间的联结、影响，能给作品赋予某种自然气息和烙印。同时，自然环境的某种特征也将成为作品的一种隐喻。如果你在阅读时，增加一个自然视角，也许你对文字的理解，会得到自然的启迪。

（一）互动探究

1. 想一想：很多人关注到了蔡明老师的诸多成就，但成就的背后是什么？

2. 查一查：结合教材 P68“探究与分享”的内容，谈谈如何理解学习应成为一种生活方式。

（二）归纳点拨

1. 是 30 年坚持不懈的学习和行走。

2. 人类正是通过学习来增长知识、提高本领，并在创新中不断进步的。学习对我们青少年来说既是权利，又是责任和义务，更是适应未来生活需要所必备的一种能力。

（三）设计意图

通过蔡老师真实的职业经历，让学生深刻感受到不断行走、不断学习的一生，深入理解学习的广泛内涵。

（四）教师过渡

既然学习是我们必备的一种能力，那让我们一起来看看登岛后团队成员是如何发展这种能力的，了解他们在探险中获得了哪些收获。

*　*　*　情境三　探险中的收获　*　*　*

同学们来到岛上一个小型的采石基地，大家两眼放光。水晶、方解石、硫矿，甚至是火山喷发的岩浆岩都接二连三地被同学们“俘获”。在自由活动中，同学们有的上山考察地形地貌，有的蹲身在太湖边调查水质，有的做社会调查……

（一）互动探究

1. 说一说：从材料中你看到了团队采取了哪些社会实践形式？

2. 议一议：你觉得我们为什么要积极参加这样的实践活动？

3. 想一想：有的同学还发现了三山岛的一个特色，几乎家家户户都开了“农家乐”，大多是夫妻店。腾出自家宅子，只要菜烧得好吃、价格公道，赚钱是较容易的事儿。尤其是在油菜花季和蟹季时，顾客尤为多。全年营业额可高达百万。有的同学对此产生了困惑，辛苦读书似乎是无用的，这样做生意反而能赚到很多钱。对此，你怎么看？

4.说一说：有同学问蔡老师：“您已行走了30多年，途中有美丽的风光也有诸多想象不到的危险，您还会继续走下去吗？”蔡老师说：“行走的过程是为了认识世界，为了给学生上好每一节有意义的地理课，更是为了认识自己，找到生命前行更坚定的力量。”蔡明老师的“走下去”，带给你的启示是什么？

5.议一议：为什么要终身学习？如何做到终身学习？

（二）归纳点拨

1.科学考察、社会调查、志愿服务等。

2.（1）在实践中，我们融入社会，了解客观实际，把握事物的本来面目，从而提高认识世界、改造世界的能力。（2）在实践中，我们锤炼自己，丰富人生经历，完善自我，提升自身素质。（3）随着生活范围的不断扩大，我们会遇到越来越多的困惑，这些困惑要在实践中逐步解决，以促进自身的发展和提升。

3.学习是一个长期的过程，学校学习只是其中的一个阶段，不可急功近利。学习也不只是在学校学习这一种形式，我们始终不能停止学习的步伐，要在生活和工作中学习，要学会主动服务社会。

4.我们需要终身学习。

5.我们生活的时代信息量巨大，知识更新周期缩短，实践中的问题层出不穷，必须树立终身学习的理念。养成主动学习、不断探索的习惯，增强自我更新、学以致用的能力。

（三）设计意图

用图片让学生直观感受学习的多种形式，形成在实践中学习、在实践中提升自己的意识。用现实生活中的困惑引发学生的思考，使其感受学习的长期性和学习形式的多样化，培养辩证思维能力。以蔡老师对学习实践的深刻感悟，引发学生对终身学习的思考。

（四）教师过渡

同学说得真好，学习不能急功近利，考察活动再有趣，我们仍要回归校园。学习是一个长期的过程。

三、课堂小结

做一做：请同学们根据三个板块的内容，回顾学习是什么，学习为什么，应该怎样学习？

最后，老师送大家一句话："有一种生活方式能让我们在浮躁不安的现实里，拥有自己的定力。这种可以持续终身的生活方式就是阅读和学习。"

四、教学拓展

思考研学旅行对中学生成长的意义。课后学生自我反思完成下面的任务单，下堂课交流。

研学旅行对我的影响：

1. 印象最深刻的一次研学旅行。

2. 给我的影响是……

3. 下次研学旅行我打算……

（一）设计意图

研学旅行呈现地域特色，学生走出校园，在与日常生活不同的环境中拓宽视野、丰富知识、参与体验，以此引导学生反思如何促进书本知识和生活经验的深度融合，主动适应社会。

（二）专家点评

本框教学围绕"玩转三山岛　学习无止境"这一主题情境，设计了"出发前的焦虑""故事里的思考""探险中的收获"三个小情境，问题层层递进，学习内容结构化。该主题情境设计与实施具有以下三个亮点：

1.生活的启发。丰富的生活世界是学习的源头活水，课程的最终目的是服务于我们的生活。本课设计以身边人物的考察笔记导入，以同龄人的研学活动为背景，逐步深入，将抽象的学科知识点与多彩的生活情境相融合，有利于学生接受学科知识，在探究中理解和掌握学习压力及其调整方法，树立在实践中学习、终身学习的理念。

2.榜样的引领。榜样人物就如同时代的精神标杆，为社会发展和人类生活提供着源源不断的动力。榜样人物在课堂上的展现，能够不断丰富和更新教材内容，打破学生对榜样人物的“神化”，进而提高课堂教学的实效性。蔡老师不仅是学生的榜样，还是教师的榜样，情境中呈现她的优秀品质，课堂上将这种优秀品质传递给学生，促进了学生综合素质的全面发展。

3.书香的浸润。老师的视野决定学生的视野，老师的阅读影响学生的阅读。课堂以一本书导入，以阅读作为结语。这样的师生主动的阅读状态，以传统纸质图书为载体，有利于促进学生的整体性思考。在教学中，我们应多角度阅读，选取与教材相契合的文章进行主题拓展和情境设置，和学生们一起读好书，读这个丰富而美妙的世界。

课时二　多彩的职业

【课标要求】

本课所依据的课程标准相应部分是“我与国家和社会”中的“积极适应国家和社会的发展”。对应的具体内容：“了解不同劳动和职业的特点及其独特价值，做好升学和职业选择的心理准备。”

【教材分析】

本框引导学生正确看待职业的变迁，知道职业随着社会进步和发展而变化。使学生理解劳动创造价值，从事一定的职业是个人承担社会责任、实现自己人生价值的立足点；理解无论从事何种职业都必须具备知识、能力等条件，这要求我们能够根据社会发展需要规划自己的职业，做好职业准备，提高自己的素质；理解、认同培养职业精神的重要性。

【学情分析】

不同的学生未来的发展道路不尽相同，九年级学生面临初中毕业，有些学生将进入高级中学继续学习，有些学生将进入中等职业学校继续学习，有些学生则可能直接走上职业岗位……面对日新月异的社会发展、多样的职业选择，有些学生还没做好准备，有些学生则认为职业有高低贵贱之分。基于以上学情，教材设计本框，目的在于让学生理解从事一定的职业，是个人为社会做贡献、实现人生价值的基本路径；科技进步、社会发展催生多种职业，国家发展、民族振兴需要多样的人才。九年级学生要紧跟时代发展的步伐，坚持不断学习，做好职业规划与准备。

【教学目标】

1. 认同职业的意义，认同劳动创造价值；懂得只有热爱本职工作才能实现自己的人生价值。

2. 初步树立爱岗敬业的职业精神；初步掌握规划职业生涯的基本程序与方法。

3. 知道不同劳动和职业都具有独特价值；理解爱岗敬业的重要性。

【重点难点】

教学重点：为什么要具备敬业精神；如何培养敬业精神。

教学难点：敬业精神；如何做好职业准备。

【知识体系】

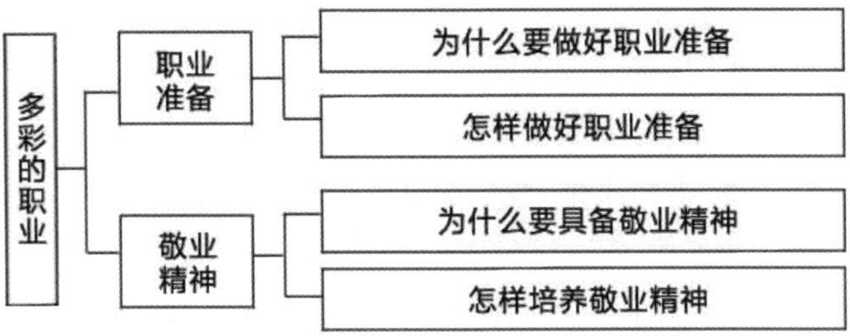

【探究过程】

一、新课导入

（一）物品展示

“儿时的温暖：那年，外婆亲手翻的丝绵衣。”教师向同学展示丝绵衣，请同学们抚摸感受温暖。

（二）视频播放

时间倒回二三十年，每到冬天，在盛泽小镇的街巷经常能看到这样的景象：一张竹榻、两条长凳组成临时操作台，三四位老太太围坐在两侧，用力扯薄一团团丝绵，再轻轻铺在竹榻上。她们一边晒太阳一边干活，空气里飘着新丝绵的香味。这样的景象、这样的职业如今在城市中已很少看到。

（三）设计意图

让学生在课堂上通过视觉、触觉等直观感受，引起学生对过去年代的探索，激发探究职业变化的兴趣。

（四）教师过渡

我们再来看看还有哪些正在消失的职业，一起探讨职业的变迁。

二、新课教学

同学们初三毕业后，将会面临不同的人生选择，无论是升学还是直接走上工作岗位，都需要有初步的职业生涯规划。

◇ 主题情境：追寻职业梦

* * * 情境一 职业变迁记 * * *

除了这手翻丝绵的技艺以外，过去30年逐渐消失的职业还有不少：

（一）互动探究

1. 想一想：你觉得这些职业为什么会消失？

2. 议一议：请你大胆预测未来的职业。

3. 说一说：走向未来，我们为什么要做好职业准备？

（二）归纳点拨

1. 在经济全球化时代，社会分工逐渐细化，从而引起了传统职业的变革和新兴职业的兴起。

2. 公路管理者：新时代的公路管理者将管理城市的空间控制中心，监控自动化道路和空域管理系统，以确保顺畅、安定的生活。人工智能辅助医学技师：善于和患者建立亲密的信任关系，以最佳方式利用他们手头可用的数字化诊断工具和远程医生。

3. 从事一定职业，这既是社会分工的要求，又是个人为社会做贡献、实现人生价值的基本路径。在经济全球化时代，社会分工逐渐细化，引起传统职业的变革和新兴职业的兴起，这给我们带来更多的就业机会和挑战。今天，人们的就业方式越来越多样，这对劳动者的素质提出了更高的要求。

（三）设计意图

通过图片文字、实物等方式引导学生用历史的眼光看待职业的变迁，认识到职业会随着社会的变化发展而发生变化，用发展的观点引发对现实社会职业状况的思考，鼓励学生大胆想象未来世界，进而感受到做好职业准备的必要性。

（四）教师过渡

社会的发展、时代的进步给我们带来更多的机遇，也对我们的素质提出了更高的要求。谈到对劳动者素质的要求，我们先来做个游戏。

* * * 情境二 岛屿选择记 * * *

假如你有一年假期，要去一个新开发的岛屿上居住。共有 6 个各具特色、风情不同的岛屿。请你按照自己最想去的顺序选出三个。

①自然原始的岛屿

岛上的自然生态保持得很好，有各种野生动物。居民以手工见长，自己种植花果蔬菜、修缮房屋、打造器物、制作工具，喜欢户外运动。

②深思冥想的岛屿

有多处天文馆、科技馆及图书馆。居民喜好观察学习，崇尚和追求真知。常有机会和来自各地的哲学家、科学家、心理学家等交换心得。

③美丽浪漫的岛屿

充满了美术馆、音乐厅，街头雕塑和街边艺人，弥漫着浓厚的艺术文化气息。居民擅长传统的舞蹈、音乐与绘画。许多文艺界的朋友都喜欢来这个地方找寻灵感。

④现代、井然的岛屿

岛上建筑十分现代化，是进步的都市形态，以完善的户政管理、地政管理、金融管理见长。居民个性冷静，处事有条不紊，善于组织规划，细心高效。

⑤显赫富庶的岛屿

居民善于企业经营和贸易，能言善道。经济高度发展，处处是高级饭店、俱乐部、高尔夫球场。往来者多是企业家、经理人、政治家、律师等。

⑥友善亲切的岛屿

居民个性温和、友善、乐于助人。各个社区均自成一个密切互动的服务网络，人们重视互助合作，重视教育，关怀他人，充满人文气息。

（一）互动探究

1.想一想：你觉得你的选择和个性、能力等有什么关系？

2.讲一讲：确实，你选择的这三个岛其实就代表了你的职业兴趣类型，同时对应着六种不同的人格类型。假如你被迫选择了不想去的岛屿，你将如何生存？

3.议一议：根据游戏的启发，结合教材P75、P77“探究与分享”中的内容说说，怎样做好职业准备？

（二）归纳点拨

1.通常是根据兴趣爱好、个性特长和能力来选择的。

2.要加强学习各种能力，顺应变化。

3.要考虑自己的兴趣爱好，明白自己想做什么。要把握自己的个性特长，清楚自己适合做什么。要结合自己的能力和经验，思考自己能够做什么。要加强学习，提高自身素质，适应工作岗位的要求，满足国家与社会发展的需要。要顺应时代的变化，抓住机遇，做好多方面的准备，努力提升自身素质，迎接未来世界的挑战。

（三）设计意图

以游戏的形式迅速吸引学生的参与，自然而然会思考选择的理由。当学生明确了岛屿代表的意义后，进一步设问，引导学生思考自己喜欢的职业，增加感性认识，从而引发学生学习职业生涯规划的基本方法和技能，做好职业准备。

（四）教师过渡

顺应时代的变化，我们仅仅做好职业的准备是远远不够的，更需要具备敬业的精神。下面让我们一起来看看“面人郎”家族是如何具备敬业精神的。

* * * 情境三 “面人郎”家族记 * * *

郎佳子彧23岁，是国家级非物质文化遗产“面人郎”的第三代传人。这一京派面人流派正是他的爷爷郎绍安开创的。郎绍安是一位出身街头的捏面大师，为了捏好“二进宫”这一主题作品，他省吃俭用地省钱买戏票看戏；他想捏一个斑马，还专门跑到动物园去数斑马身上的条纹。其子郎志春在技艺上也得到真传，在他的作品陈列室里，有许多刻在葫芦或核桃里的袖珍面人，这些面人有的只有蚂蚁般大小，但却神态各异，纤毫毕现。做这样一个面人很费功夫，要在微毫的空间内排布人物，全靠一双妙手掌控力道和心无旁骛的专注。郎佳子彧跟爷爷和父亲一样，也会细心打磨每个面人的五官部位、身体线条、肌肉构造，为了捏好面人，他还研究了好几本解剖学方面的书。

相对传统技艺的亦步亦趋，郎佳子彧更愿意打破成规，但也不是把现代与传统对立起来。他认为，传统文化中还有许多未经开挖的“宝藏”。在现代工艺冲击的当下，郎佳子彧相信面人依旧可成为不灭的星光。为此，他创办工作室，开发面人相关的文创产品、提供面人制作的课堂教学和体验活动，开设公众号“面人郎”等，并且进入北京大学艺术学院读研究生，希望通过专业的艺术理论学习，更好地改造和推广面人艺术。

(一)互动探究

1. 想一想：在面人郎的三代变迁中，不变的是什么？

2. 说一说：你从故事中看到的敬业精神的具体表现。

3. 查一查：结合教材 P78“探究与分享”中的内容，说说为什么需要敬业精神？

4. 议一议：我们应该如何面对传统工艺的消失？

(二)归纳点拨

1. 对捏面人的热爱。工匠精神。

2. 省钱买戏票看戏；跑到动物园去数斑马身上的条纹；心无旁骛的专注；细心打磨每个面人的五官部位、身体线条、肌肉构造；进入北京大学艺术学院读研究生；等等。

3. 每一种职业都要承担一定的社会责任，每一个工作岗位都有相应的岗位职责要求。国家对职业行为有法律规范要求，社会对职业行为有道德要求。一个人只有热爱自己的职业，才能全身心、富有激情地投入工作，创造出物质财富和精神财富。劳动创造价值，只有热爱本职工作，脚踏实地、勤勤恳恳、刻苦钻研、精益求精、不断创新，才能成就一番事业，实现自己的人生价值。

4.继承、创新、与现代工艺融合，寻找新出路。

（三）设计意图

用一个真实的家族手艺传承的故事，让学生理解敬业精神的内涵，主动向榜样学习，自觉培养敬业精神，提高职业技能。并且可与延续文化血脉的相关联系起来。

（四）教师过渡

如果能像郎佳子彧一样，从事自己感兴趣的职业，那是一种幸运。如果未能如愿找到心仪的工作，我们又该如何？

＊　＊　＊　情境四　小丁跳槽记　＊　＊　＊

仔细阅读教材 P79"探究与分享"中的内容。

（一）互动探究

1.讲一讲：你如何评价小丁频繁跳槽的行为？

2.想一想：为了兴趣，是否应该跳槽？

3.议一议：怎样培养敬业精神？

4.说一说：当下努力学习对将来职业发展的意义。

（二）归纳点拨

1.小丁为了发挥特长，根据自己的兴趣爱好选择职业，无可厚非，但也应该干一行、爱一行。没有找到感兴趣的职业也不必泄气。

2.兴趣可以在实践中发现、培养，兴趣也会随环境、条件的变化而改变。在未来的工作中，要处理好职业与兴趣的关系，在工作中培养兴趣，履行好工作职责，爱岗敬业。

3.在未来的工作中，要处理好职业与兴趣的关系，在工作中培养兴趣，履行好工作职责，爱岗敬业。要珍惜青春年华，从现在开始，努力学习，提高各方面素养，为精彩的明天做好准备。

4.能增长知识、培养能力；能增强法治意识、涵养道德、健全人格；等等。

（三）设计意图

引导学生正确认识和处理兴趣与职业的关系。随着社会进步和就业形势的多样化，人们面临越来越多的职业选择。但是，有些人以兴趣为借口，盲目更换职业，这不仅不利于自身的发展，还不利于企业和国家的发展。要正确处理兴趣与职业间的关系。

三、课堂小结

无论我们从事何种职业，都需要努力学习，都需要敬业精神。专注做点东西，才对得起光阴岁月。

让我们一起来感受李宗盛的《致匠心》。（视频播放）

四、教学拓展

根据霍兰德职业理论，写出你的职业人格类型，并且做一份职业生涯规划书，包含自我分析、环境分析、目标设定、实施策略、评估调整这五方面。

（一）设计意图

指导学生了解、学习进行职业生涯规划的基本方法和技能，引导学生做好职业准备，既要关注自身需求，又要关注社会需求，要有明确目标，更要付诸行动，还要学会反思与调整行动。

（二）专家点评

本课围绕“追寻职业梦”这一主题情境，分别设计了“职业变迁记”“岛屿选择记”“‘面人郎’家族记”“小丁跳槽记”四个小情境。四个小情境既成系列，又有各自的独立性。整节课从教学设计与实施来看具有以下三个亮点：

1. 情境与问题的高度贴合。本节课把教学内容转换成具有潜在意义的问题情境，整体情境对应教材主干知识结构，通过情境引发问题，通过问题导出各部分主题及内容，问题引发探究，激发了学生探索新知的兴趣。

2. 整合与思辨的有机统一。本节课设置的四个小情境都是没有唯一答案的，可以做多种选择。通过课堂各种不同观点的呈现，适时加上教师的引导,学生的职业观和择业观由零碎走向统一,由分散走向整合。

3.真实性与艺术性的有效融合。本课中真实情境如“面人郎”家族的故事,源自身边生活实际,能帮助学生迅速而正确地理解教学内容。而霍兰德职业兴趣岛以游戏的方式呈现,具有创新性,学生参与度较高。艺术情境如最后的短视频,具有震撼人心的力量,有助于学生认知的发展、品德的升华、情感的陶冶,从内心领悟和认同当今社会提倡的工匠精神。

(第十四课参与编写者:顾蓉,吴江区松陵第一中学)

第十五课　从这里出发

课时一　回望成长

【课标要求】

本课所依据的课程标准相应部分是“成长中的我”中的“认识自我”和“自尊自强”。对应的具体内容：“保持积极乐观的心态。”“了解自我评价的重要性，能够客观地认识自我，积极接纳自我，形成客观、完整的自我概念。”“养成自信自立的生活态度，体会自强不息的意义。”

【教材分析】

本框通过回顾初中三年的收获，引导学生品味成长的历程，指导学生要立足现实、脚踏实地走向远方。第一目引导学生对显性的、具体的收获进行梳理，进而对成长的历程进行理性思考，使学生明白收获的不仅是具体的成绩单等，更是自己能够不断克服困难、战胜挫折、突破和超越自己的经历。这既是本课的重点，又是本课的难点。第二目呈现了对九年级学生面临的一些现实课题的关切，引导学生认真思考这些课题，形成正确的认识。启发学生能够根据自己的兴趣、爱好和特长，以及国家、社会发展的需要，做出合理的选择。

【学情分析】

进入本课学习，意味着学生的初中学习生活即将进入尾声。学生需要对之前的学习生活、经历、经验进行认真分析、反思。虽然随着年龄的增长和阅历的丰富，九年级学生已具备一定的理性思维能力，对自我、社会和世界的认识，也逐步从感性走向理性，从表象深入本质。但是，九年级学生仍是未成年人，其心智还不够成熟，视野有限，在学习行为上，有时会更多关注对知识内容的掌握，而忽视能力素养的培养。

【教学目标】

感受初中生活的收获与美好，体味初中生活的价值；关注学习过程，积极参与；树立自信自强的意识，不断实现自我超越；能依据一定的标准，进行自我反思；学会调控自己的情绪，学会与他人沟通交流；知道反思个人成长的维度与方式，理解个人成长的关键是挑战自己和超越自己；理解过程与结果的辩证关系。

【重点难点】

教学重点：正确对待人生道路上的关键性选择。

教学难点：辩证地看待过程与结果的关系，学会享受成长过程。

【知识体系】

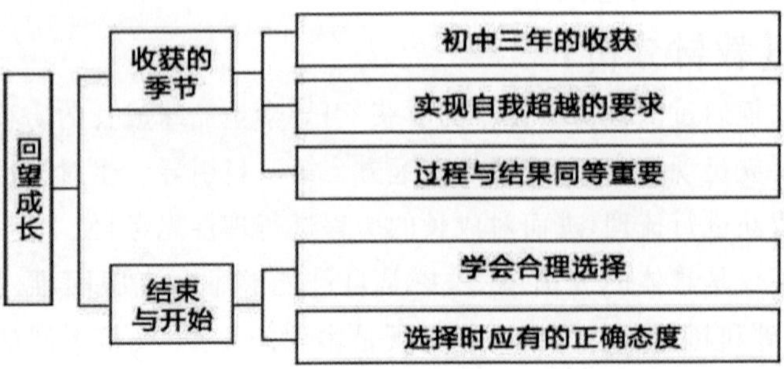

【探究过程】

一、新课导入

歌曲《朋友》。

这些年，一个人；风也过，雨也走；有过泪，有过错；还记得坚持什么。真爱过，才会懂；会寂寞，会回首；终有梦，终有你，在心中。朋友一生一起走……

(一)互动探究

1. 聊一聊:你们班上谁的人缘最好?他(她)取得过什么成绩?哪些人是你的朋友?你的成绩有没有朋友的支持和帮助?

2. 说一说:马上要毕业了,你想对同学们说些什么?

(二)归纳点拨

1. 略。

2. 初中三年,我们朝夕相处、相伴而行。课堂上有我们朗朗的读书声,运动场上有我们挥洒拼搏的汗水,社团活动中有我们的欢歌笑语。我们相逢在最美好的年华,回首过去,不由感叹岁月如歌。希望未来的我们,大有所为。

(三)设计意图

用学生熟悉的歌曲作为导入素材,能够引起学生的情感共鸣,问题的设置贴近学生的生活实际,能够激发学生畅所欲言的愿望,引发学生对过去三年初中生活的回望。

二、新课教学

◇ 主题情境:人生如歌　品歌而行

＊　＊　＊　情境一　收获　＊　＊　＊

歌曲《收获》。

这一路点滴苦痛,原来全都是收获,不曾错过,也就不能拥有。更好的你,更好的一个我,当然我们都可能会再犯错,但这次一定更容易就渡过……

(一)互动探究

1. 说一说:第一组学生归纳进入初中之后收获的友谊。

2. 谈一谈:第二组学生从参与社会实践、关注社会发展的角度说收获。

3. 聊一聊:第三组学生从其他方面说收获。

(二)归纳点拨

略。

(三)设计意图

青春期是人生最美好的年华,有欢笑,有泪水,有成功的喜悦,有失败的烦恼,有纯真的友谊。畅谈初中三年丰富多彩的生活,共同品味收获的喜悦。

(四)教师过渡

我们在学海中泛舟,掌握越来越多的知识;我们参加丰富多彩的实践活动,学会做人,学会做事;我们结交一群志同道合的朋友,在成长的路上互帮互助,风雨同行;我们不断修炼自己的道德情操,提高自己的法治意识,经常与德并进,与法同行;我们逐步树立全球视野,主动思考人类的前途命运。梅花香自苦寒来,阳光总在风雨后。我们一起来听首歌回味你曾经历的那点“苦寒和风雨”吧……

*** * 情境二 正确认识并勇于战胜自己 * ***

歌曲《怒放的生命》。

曾经多少次跌倒在路上,曾经多少次折断过翅膀,如今我已不再感到彷徨。我想超越这平凡的生活,我想要怒放的生命,就像飞翔在辽阔天空,就像穿行在无边的旷野,拥有挣脱一切的力量……

(一)互动探究

1.说一说:学习生活中难免有挫折,以自己一次考试失败经历为例,说说自己的感悟和反思。

2.谈一谈:面对挫折,有人笑对挫折战胜挫折,有人一蹶不振。请列举一则战胜挫折的事例,谈谈自己的收获。

(二)归纳点拨

1.举例略。我们要始终勇敢面对,奋力前行。学会反思,总结成功的经验和失败的教训,每天进步一点点。在学习和探索的道路上,我们逐渐认识自己,发现自己的长处,挖掘自己的潜能,实现自我超越。

2.略。

(三)设计意图

人生难免有挫折,挫折并不可怕,可怕的是对挫折的畏惧或不重视。通过聆听学生的讲述,帮助学生正确认清自我,总结成功的经验，不断取得人生的进步。

（四）教师过渡

学而不思则罔。自知者明，自胜者强。回望成长，大家感悟良多。

＊　＊　＊　情境三　感悟成长过程　＊　＊　＊

歌曲《飞得更高》。

一直在飞、一直在找，可我发现无法找到，若真想要是一次解放，要先剪碎这有过的往，我要的一种生命更灿烂，我要的一片天空更蔚蓝，我知道我要的那种幸福，就在那片更高的天空。我要飞得更高，飞得更高，狂风一样舞蹈，挣脱怀抱……

（一）互动探究

辩一辩："过程比结果重要"还是"结果比过程重要"？

（二）归纳点拨

过程比结果重要。过程中的种种经历，无论顺利还是曲折，都是我们成长的重要积累，也是人生的宝贵财富。在过程中所获得的体验与感悟，才是真正有意义的学习收获。

（三）设计意图

本环节的设计主要是帮助学生认识到：当我们在追求目标时，不要忘了沿途的风景，人的成长比成功更重要。

（四）教师过渡

"欲穷千里目，更上一层楼"。努力重要！关键选择同样重要！

＊　＊　＊　情境四　选择人生道路　＊　＊　＊

诗歌《雪花的快乐》。

假如我是一朵雪花，翩翩地在半空里潇洒，我一定认清我的方向。飞扬、飞扬、飞扬，这地面上，有我的方向。飞扬、飞扬、飞扬，这地面上，有我的方向。不去那冷漠的幽谷，不去那凄清的山麓，也不上荒街去惆怅……

（一）互动探究

1. 议一议：一份高薪但自己不喜欢的工作和一份低薪但自己很喜欢的工作，你会选择哪个？说说自己的理由。

2.选一选:作为毕业班的学生,我们即将面临选择,请从自身特点的角度谈谈你的选择。

(二)归纳点拨

1.提示:能够说出自己的理由即可。

2.要理性分析主客观条件,思考并决定自己的目标和方向。我们要系好人生的第一粒扣子,自觉践行社会主义核心价值观,走好这重要的一步,用勤劳和汗水开辟人生和事业的美好前程。

(三)设计意图

引导毕业班的学生弄清自己的真实需要,结合自己的兴趣爱好和社会发展的需要,在人生的关键路口,做出最佳的选择。

三、课堂小结

四、教学拓展

请同学们以“十年后的我”为题写一篇小文,大胆发挥你们的想象力和创造力,向大家介绍十年后的世界是怎样的,社会发生了哪些翻天覆地的变化,你在未来从事何种工作,你从事的工作有何独特之处等。

(一)设计意图

梦想是对美好生活的向往,有梦想就有前行的力量。回首过去,我们品味成长的喜悦,畅想未来,我们砥砺前行。

(二)专家点评

本节课围绕“人生如歌　品歌而行”这一主题情境,以四首歌为背景分别设计了“收获”“正确认识并勇于战胜自己”“感悟成长过程”“选择人生道路”四个小情境。这节课歌声不断,旋律优美,使人印象深刻。本节课具有以下三个亮点:

1. 教学背景熟悉。本节课选取的四首歌，学生都比较熟悉，能够引起学生的情感共鸣，激发了学生的学习兴趣。课堂气氛活跃，师生互动热烈，学生以自己经历的事为例，畅所欲言，流露真情，既有成功的喜悦，又有失败的痛苦，达到了知、情、意、行的统一。

2. 教学设计新颖。教学设计是教师教学理念的表现，体现出教师的基本素养，教学设计的优劣决定学生学习效果的好坏，以学生熟悉的四首歌设置情境、串联课堂，形式新颖，能激发学生参与课堂教学的欲望和兴趣。

3. 教学生成有效。教学设计是课堂教学的预案，在预设中生成知识和能力，在生成中不断调整预设。本节课通过四首歌的情境设计回归学生的生活，关注学生的真实情感和态度，了解学生的真实想法，在学生分享自己成长感悟的基础上，教师对学生适时点拨，引导学生反思自己的不足，全面看待自己的成长，体现出预设和生成的相得益彰。

课时二　走向未来

【课标要求】

本课所依据的课程标准相应部分是“我与国家和社会”中的“积极适应社会的发展”。对应的具体内容:“关注社会发展变化,增进关心社会的兴趣和情感,养成亲社会行为。”“感受个人成长与民族文化和国家命运之间的联系,提高文化认同感、民族自豪感,以及构建社会主义和谐社会的责任意识。”

【教材分析】

本框通过引导学生回望初中入学时的梦想、感受,分析初中三年来目标实现的情况及其中的原因,感受初中生活的收获与遗憾。在此基础上,引导学生面向未来、规划未来,初步形成初中毕业后短期的规划,踏上新的征程。第一目阐述了畅想未来的目的与途径,引导学生既要仰望星空,又要脚踏实地。第二目把个人际遇与新时代相结合,激励学生抓住机遇向未来进发。

【学情分析】

初中阶段的学习生活在个体的生命成长历程中极其珍贵。初中阶段是学生知识学习、能力训练、情感感受以及价值观形成的重要时期,也是建构个体核心素养的关键期。初中生活即将结束,或是升入高一级的学校继续学习,或是直接进入社会参加工作。受心理发展水平及社会阅历的限制,不少学生没有树立正确的人才观、职业观和择业观,对未来缺乏清醒的认识,没有做好人生规划。

【教学目标】

1. 学会认识、把握未来发展变化的趋势。

2.了解自己以后的发展路径与内容，结合自己的实际情况规划人生，踏上新的征程。

3.关心国家发展，自觉将个人成长与国家发展联系起来，增强服务国家和社会的意识，增强社会责任感。

【重点难点】

教学重点：畅想未来的意义和要求。

教学难点：抓住机遇成就自己。

【知识体系】

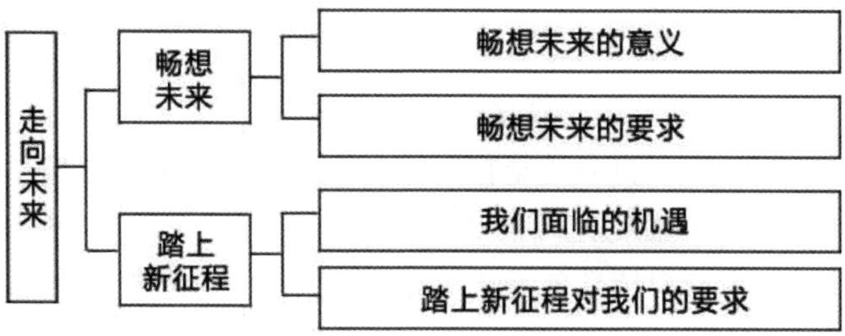

【探究过程】

一、新课导入

（一）播放音乐

Beyond《光辉岁月》。

钟声响起归家的讯号，在他生命里，仿佛带点唏嘘，黑色肌肤给他的意义，是一生奉献。肤色斗争中，年月把拥有变做失去，疲倦的双眼带着期望，今天只有残留的躯壳，迎接光辉岁月，风雨中抱紧自由，一生经过彷徨的挣扎，自信可改变未来……

（二）互动探究

同学们，你们了解Beyond乐队吗？听完这首歌，你有何感触？

（三）归纳点拨

略。

（四）设计意图

《光辉岁月》是一首经典老歌，这首歌带着震撼人心的力量，让人热血沸腾，由此导入新课，能激发学生走向未来的信心和勇气。

（五）教师过渡

三年的初中生活即将随着一张毕业照定格为人生道路上一道美丽的风景，也将成为同学们人生道路上一段美好的回忆。让我们带着自信，带着憧憬，带着同学的友谊、老师的祝福和父母的期待，回味“光辉的岁月”，踏上新的征程，昂首走向未来。

二、新课教学

◇ 主题情境：人生如歌　逐浪前行

＊　＊　＊　情境一　光辉岁月　＊　＊　＊

1990 年，黄家驹为曼德拉写过一首脍炙人口的《光辉岁月》，歌颂了南非黑人领袖曼德拉的光辉一生。除此之外，两人交集寥寥。黄家驹改变了只唱情歌的香港乐坛，用音乐传递理想。曼德拉在牢中服刑了 27 年，1990 年出狱后，在曼德拉的带领下，南非废除了黑人种族隔离制度，实现了种族平等，击碎了肤色歧视的樊笼，给世界一个崭新的南非。

（一）互动探究

1. 说一说：三年前，当你跨入中学的大门时，曾经写下自己对未来的憧憬和梦想。你还记得当时写的是什么？

2. 想一想：结合材料回答：我们为什么要怀揣梦想，畅想未来？

3. 聊一聊：阅读材料，结合教材知识回答：我们应该怎样畅想未来？

（二）归纳点拨

1. 略。

2. 畅想未来是为了丰富自己的生命，提升生命的质量，延伸生命的宽度和广度，更是为了很好地服务社会和国家。

3. 需要开阔的视野，把自己的兴趣爱好、需求与国家的发展、世界的繁荣、人类的梦想相结合。要激发兴趣，大胆尝试，积极行动，不断地反思自己，全面规划有意义的人生。既需要对未来有美好的憧憬，又需要有脚踏实地的行动。不仅要正确规划自己的人生，而且要积极关切国家和民族的发展，关注人类与世界发展的前途和命运，在学习和实践中走向未来。

（三）设计意图

青少年是国家的未来和民族的希望，青少年时期可塑性强。正确引导青少年畅想未来，有利于帮助青少年树立正确的人生观、价值观，积极投身于社会主义现代化建设中。

（四）教师过渡

怀揣梦想的青年一代肩负着国家和民族的希望，面向未来，既需要对未来充满美好的憧憬，又需要有脚踏实地的行动。

＊　＊　＊　情境二　海阔天空　＊　＊　＊

（一）播放音乐

Beyond《海阔天空》。

今天我，寒夜里看雪飘过，怀着冷却了的心窝飘远方，风雨里追赶，雾里分不清影踪。天空海阔你与我，可会变，多少次，迎着冷眼与嘲笑，从没有放弃过心中的理想，一刹那恍惚，若有所失的感觉，不知不觉已变淡，心里爱。原谅我这一生不羁放纵爱自由，也会怕有一天会跌倒……

1993 年 5 月底，Beyond 从日本返回到了香港，这一年也正值 Beyond 成立十周年之际，于是黄家驹写下了这首记录 Beyond 十年心路历程的歌曲《海阔天空》。歌词承载了黄家驹与乐队赴日本发展时的艰辛与对理想的坚持。这首歌曲也表达了黄家驹内心深处对香港乐坛的挣扎和失望。

（二）互动探究

1. 比一比：分组搜集资料，多角度回答：Beyond 的创作年代和今天我们所处的时代有哪些不同？

2. 想一想：初中三年即将结束，即将踏上新征程的我们面临的机遇有哪些？你将选择怎样的人生道路？

3. 议一议：走向未来，我们应该怎样抓住机遇、迎接挑战？

(三)归纳点拨

1.提示:可以从经济、政治、文化等领域,也可以从衣、食、住、行等角度考虑。

2.我们生于伟大的祖国,欣逢伟大的新时代,国家政治稳定、经济发展、文化繁荣、社会和谐,人民生活水平不断提高。随着改革开放的深入,我们与世界各国的互动更加频繁,为我们的成长创造了更为广阔的空间。

3.要做好准备,抓住机会,还要善于创造机会,成就自己。我们所面临的挑战和问题,也让我们增添了一份沉甸甸的责任感和使命感,提醒我们时不我待,只争朝夕。一切趁现在,一切趁年轻,勇往直前,朝着既定的目标,去想、去做、去体验、去搏击风浪、去迎接考验。

(四)设计意图

通过对比 Beyond 的创作年代和当今时代的不同,引导学生珍惜今天的美好生活,抓住时代机遇,在人生的舞台上唱响自己的歌声。

(五)教师过渡

梁启超说:"故今日之责任,不在他人,而全在我少年。少年智则国智,少年富则国富,少年强则国强……"我们青少年要珍惜光阴,努力学习,立志成才。

三、课堂小结

通过这节课的学习,我们知道了畅想未来的意义和要求,知道了面向未来离不开实际行动,在学习和实践中走向未来;认识到我们的成长面临着良好的机遇,我们青少年要抓住机遇,迎接挑战,踏上新的征程。

四、教学拓展

请同学们以小组为单位设计一份关于人生道路选择的调查问卷。主要内容包括:初中毕业后的去向,选择不同道路的理由,你打算怎样走好你的人生道路。

(一)设计意图

引导学生关注自身、关注未来,通过资料的搜集和分析,有助于提高学生选择未来人生道路的认识和能力。

(二)专家点评

本节课围绕“人生如歌　逐浪前行”这一主题情境,分别设计了“光辉岁月”“海阔天空”两个小情境。以 Beyond 的两首经典歌曲串联整堂课,既照应了上一节课的课题——回望成长,又点明了本节课的内容——走向未来。具体来说,具有以下三个亮点:

1. 教学素材选择开放。道德与法治的课堂具有育人的功能,但不是简单的、枯燥无味的说教。只要我们拥有一双慧眼,就可以在大千世界中找到丰富多彩的教学素材。本节课选用 Beyond 的两首歌曲作为教学素材,既贴切,又让人眼前一亮。

2. 教学素材加工有深度。本节课对这两首歌的创作背景挖掘较为成功,具有较强的震撼力和冲击力。小组探究环节,学生对 Beyond 所处的年代有了初步的了解,加深了对今天所处美好时代的认识,同时也增强了责任感和使命感。

3. 教学情境设置丰富。本节课围绕主情境设计了两个小情境,引导学生既要抓住机遇,迎接挑战,又要脚踏实地,合理规划人生,踏上新的征程。情境设置丰满充实又贴近九年级学生实际,整个教学过程思路清晰,教学目标达成明确。

(第十五课参与编写者:张晏华,吴江区同里中学)